10 Lições sobre
GUERREIRO RAMOS

Dados Internacionais de Catalogação na Publicação (CIP)
(Câmara Brasileira do Livro, SP, Brasil)

Maia, João Marcelo Ehlert
  10 lições sobre Guerreiro Ramos / João Marcelo Ehlert Maia. –
Petrópolis, RJ : Vozes, 2024. – (Coleção 10 Lições)

  ISBN 978-85-326-6987-2

  1. Política – Brasil 2. Ramos, Alberto Guerreiro Ramos, 1915-1982
3. Sociologia 4. Sociólogos – Biografia – Brasil I. Título. II. Série.

24-216217   CDD-301.092

Índices para catálogo sistemático:

1. Sociólogos : Biografia e obra   301.092

Eliane de Freitas Leite – Bibliotecária – CRB 8/8415

João Marcelo Ehlert Maia

10 Lições sobre
GUERREIRO RAMOS

Petrópolis

© 2024, Editora Vozes Ltda.
Rua Frei Luís, 100
25689-900 Petrópolis, RJ
www.vozes.com.br
Brasil

Todos os direitos reservados. Nenhuma parte desta obra poderá ser reproduzida ou transmitida por qualquer forma e/ou quaisquer meios (eletrônico ou mecânico, incluindo fotocópia e gravação) ou arquivada em qualquer sistema ou banco de dados sem permissão escrita da editora.

CONSELHO EDITORIAL	**PRODUÇÃO EDITORIAL**
Diretor Volney J. Berkenbrock	Aline L.R. de Barros Jailson Scota Marcelo Telles
Editores Aline dos Santos Carneiro Edrian Josué Pasini Marilac Loraine Oleniki Welder Lancieri Marchini	Mirela de Oliveira Natália França Otaviano M. Cunha Priscilla A.F. Alves Rafael de Oliveira Samuel Rezende
Conselheiros Elói Dionísio Piva Francisco Morás Gilberto Gonçalves Garcia Ludovico Garmus Teobaldo Heidemann	Vanessa Luz Verônica M. Guedes

Secretário executivo
Leonardo A.R.T. dos Santos

Editoração: Débora Spanamberg Wink
Diagramação: Editora Vozes
Revisão gráfica: Alessandra Karl
Capa: Editora Vozes
Crédito da fotografia: Kita Pedroza
Ilustração de capa: Valdinei Bastos

ISBN 978-85-326-6987-2

Este livro foi composto e impresso pela Editora Vozes Ltda.

Sumário

Primeira Lição – Tornando-se Guerreiro, 7

Segunda Lição – A sociologia como ciência do planejamento, 18

Terceira Lição – O negro como sujeito, 28

Quarta Lição – A sociologia como ciência anticolonial, 41

Quinta Lição – A sociologia como ciência dinâmica, 51

Sexta Lição – A redução sociológica, 62

Sétima Lição – A sociologia política de Guerreiro, 73

Oitava Lição – Revolução e os dilemas da organização, 84

Nona Lição – A sociologia como ciência crítica das organizações, 95

Décima Lição – A sociologia das ideias no Brasil, 108

Referências, 119

Primeira Lição

Tornando-se Guerreiro

Alberto Guerreiro Ramos nasceu em setembro de 1915, na cidade de Santo Amaro da Purificação, Bahia, no seio de uma família de origem negra vinculada à plantação de cacau na região do Recôncavo (Barbosa, 2023). Nos seus primeiros anos de vida, Guerreiro viveu em diferentes cidades, dedicando-se a variadas atividades que contribuíam para o orçamento doméstico (Maio, 1997). Com apoio da mãe, conseguiu realizar os estudos secundários no prestigiado Ginásio da Bahia, aproximando-se do catolicismo e do integralismo.

Nos seus anos formativos, Guerreiro desempenhou papel significativo na Ação Integralista Brasileira (AIB), tendo escrito artigos sobre o tema para o jornal *O Imparcial*, periódico baiano que adotou linha editorial pró-integralista, e realizado palestras sobre a doutrina, particularmente em meados da década de 1930 (Ferreira, 2009). Além do integralismo, deve-se destacar a influência do pensamento existencialista católico veiculado na revista francesa *L'Esprit*, que permitiu ao então jovem aspirante a literato formar sua sensibilidade baseada na crítica aos efeitos impessoais da modernidade e na defesa dos valores da personalidade humana (Azevêdo, 2006; Oliveira, 1995).

Não se deve estranhar o engajamento do jovem Guerreiro na AIB, que foi uma organização com forte presença no território brasileiro. O ideário nacionalista e a defesa dos conhecimentos de assuntos brasileiros atraíram para as fileiras integralistas numerosos jovens com veleidades político-intelectuais que, posteriormente, mudaram de posição, renegando esse passado. Além disso, é importante ressaltar que havia a presença de militantes negros em diferentes seções da AIB. A própria Frente Negra Brasileira (FNB, 1931-1937), que organizou milhares de ativistas ao longo da década de 1930, abrigava elementos autoritários no seu discurso sobre raça e nação (Domingues, 2008).

Daquele período, as duas obras de Guerreiro Ramos mais conhecidas são o seu livro de poemas *O drama de ser dois* (Ramos, 1937a), que, como aponta Ariston Azevêdo (2006), traduzia em versos a experiência pessoal de Guerreiro e suas leituras do existencialismo cristão, particularmente de filósofos como o russo Nikolai

Berdiaev e do francês Jacques Maritain; e *Introdução à cultura* (Ramos, 1939), que, segundo Lúcia Lippi Oliveira (1995), sintetizava a visão do então jovem intelectual sobre a necessária revolução espiritual que reorganizaria um mundo ameaçado pelos valores burgueses.

Na época, Guerreiro contribuía com poemas e ensaios para diferentes periódicos, seja na Bahia, seja no Rio de Janeiro, entre os quais se podem listar a revista *A Ordem*, instrumento fundamental para a renovação católica do período, sob comando de Jackson de Figueiredo e de Dom Vital Leme. Um texto que exemplifica adequadamente o pensamento do então jovem integralista católico foi publicado no número XVIII, de agosto de 1937, com o singelo título "Não!" (Ramos, 1937b). Nele, Guerreiro critica as forças de massificação representadas pelo comunismo e pelo fascismo, contrapondo-as à jornada heroica do sujeito que busca se afirmar como pessoa plena numa sociedade moderna decadente. O tema, de forte inspiração católica e personalista, apresenta uma defesa das virtudes viris e afirmativas da personalidade humana em meio a uma sociedade guiada pela lógica dos interesses materiais.

A sociabilidade de Guerreiro Ramos nos círculos intelectuais baianos resultaria numa experiência no governo local, a convite de Rômulo Barreto de Almeida, um intelectual nacionalista também com passagem na AIB, que o indicaria para a administração do interventor Landulfo Alves, nomeado em março de 1938. Landulfo era irmão de Isaías Alves, educador que se tornou secretário de educação e contribuiu para o processo de modernização do sistema educacional regional, e Guerreiro foi trabalhar como seu assessor. Alçado a esse posto, logrou obter uma bolsa para continuar seus estudos na capital, mudando-se para o Rio de Janeiro em 1939.

Na então capital federal, a princípio residiu num convento na Rua das Laranjeiras e dedicou-se à literatura e à música, enquanto cursava direito e ciências sociais na Universidade do Brasil, cursos nos quais se formaria em 1942 e 1943, respectivamente. Guerreiro fez parte de uma das primeiras turmas de ciências sociais da Faculdade Nacional de Filosofia, mas não obteve uma nomeação para professor assistente, função que viu ser atribuída a seu colega de turma, o também baiano Luiz de Aguiar Costa Pinto (com quem nutriria uma célebre rivalidade na década seguinte). Com auxílio de San Thiago Dantas, outro intelectual com passagem pelo integralismo, conseguiu uma posição no Departamento Nacional da Criança (DNC), em que deveria ministrar a cadeira de Problemas Econômicos e Sociais do Brasil. No mesmo ano de 1943, conquistou uma vaga de interino no Departamento Administrativo do Serviço Público (Dasp), sendo efetivado dois anos depois, com a entrega de um trabalho intitulado *Administração e política à luz da sociologia*, tornando-se então técnico em administração. Os textos do autor desse período serão analisados na Segunda Lição deste livro.

Mas a década de 1940 não foi marcada apenas pelo envolvimento de Guerreiro Ramos com a máquina estatal estado-novista. É no fim desse período que ele iria se juntar a iniciativas que lutavam pela superação do racismo brasileiro e pela ascensão social e cultural de homens e mulheres não brancos. Ao lado de nomes como Abdias do Nascimento, seu amigo desde 1939, Guerreiro foi figura importante no Teatro Experimental do Negro (TEN), criado em 1944, e em iniciativas como o jornal *Quilombo*.

O TEN foi, entre outras coisas, um espaço para circulação e apropriação das ideias francófonas sobre negritude, que sintetizavam um conjunto de discursos estéticos, filosóficos e literários sobre a positividade da contribuição cultural negra para a civilização, que foram fundamentais para a organização de discursos anticoloniais nas décadas de 1940 e 1950 (Barbosa, 2013; Nascimento, 2004). Nomes como Abdias, Aguinaldo Camargo e Ironides Rodrigues faziam parte de uma *intelligentsia* negra que se apropriava dessas ideias para promover ações de real democratização étnico-racial no país.

Em 1950, Guerreiro estava junto dessa *intelligentsia* negra na organização do I Congresso do Negro Brasileiro, que juntou cientistas brancos interessados no estudo étnico-racial e ativistas, artistas e intelectuais negros do TEN. Nesse período, escreveu diversos artigos em jornais e revistas sobre a questão racial brasileira, que serão analisados na Terceira Lição deste livro.

Com a eleição de Getúlio Vargas, Guerreiro Ramos é convidado a tomar parte na assessoria econômica da Casa Civil da Presidência da República, fortalecendo seus vínculos com intelectuais e políticos ligados ao ideário desenvolvimentista, como Jesus Soares Pereira, Ignácio Rangel, Rômulo de Almeida, entre outros que alimentavam o esforço varguista de modernização e nacionalismo. Segundo o próprio Guerreiro em depoimento ao Centro de Pesquisa e Documentação de História Contemporânea do Brasil (CPDOC), ele participava da elaboração de projetos e trabalhava na redação das mensagens do presidente, mas não se tratava de um engajamento profundo (Ramos, 1995a).

Nesse período da década de 1950, Guerreiro publicou obras que representavam um acerto de contas com a tradição sociológica norte-americana e com a própria formação da disciplina no Brasil, que serão analisadas detalhadamente na Quarta Lição deste livro. Em agosto de 1952, Guerreiro se juntou a um conjunto de intelectuais paulistas e cariocas na cidade de Itatiaia para a concepção do que viria a ser, no ano seguinte, o Instituto Brasileiro de Estudos Sociais e Políticos (Ibesp), uma rede nacionalista e desenvolvimentista que editaria a revista *Cadernos de Nosso Tempo*. Em meio a cisões políticas e regionais, o grupo se consolidaria sem a presença dos paulistas, convertendo-se, em 1955, no conhecido Instituto Superior de Estudos Brasileiros (Iseb).

Entre 1955 e 1958, Guerreiro Ramos atuou no âmbito do Iseb, ministrando cursos livres e palestras sobre temas como sociologia, nacionalismo, colonialismo e desenvolvimento, ao mesmo tempo que se engajava cada vez mais com o campo político identificado com o trabalhismo de esquerda (Abranches, 2006; Bariani Jr., 2008). A Quinta Lição vai se debruçar justamente sobre os primeiros esboços dessa sociologia anticolonial, enquanto a Sexta Lição vai ser integralmente reservada para a análise do clássico livro *A redução sociológica*, publicado no ano em que Guerreiro deixou o Iseb.

Guerreiro continuava tendo múltiplas frentes de atuação, e desde 1952 atuava na Fundação Getulio Vargas (FGV), em especial na Escola Brasileira de Administração Pública (Ebape), em que ministrava cursos e coordenava um grupo de jovens seguidores. Além disso, continuou engajado na construção da sociologia como disciplina científica no Brasil, tendo participação destacada no II Congresso Latino-Americano de Sociologia em 1953, momento-chave de suas conhecidas controvérsias com o sociólogo paulista Florestan Fernandes.

Enquanto Fernandes defendia que a sociologia brasileira deveria se modernizar e adotar os padrões de trabalho científico mais desenvolvidos do período, Ramos argumentava que não fazia sentido emular a sociologia tal como praticada nos países do Norte, dada a condição de subdesenvolvimento nacional. Em livros e artigos jornalísticos do período, Guerreiro elaborou sua posição nacionalista e crítica, que, de certa forma, tornou-o um antagonista da chamada Escola Paulista de Sociologia (Bariani Jr., 2003).

Em 1959, Guerreiro foi eleito para o Diretório Nacional do Partido Trabalhista Brasileiro (PTB), posição que lhe permitiu concorrer a uma vaga de deputado federal pelo PTB da Guanabara nas eleições de 1962. Na ocasião, obteve votos suficientes para virar suplente de Leonel Brizola, assumindo sua cadeira em agosto do ano seguinte. Nesse período, escreveu obras sobre temas típicos da sociologia política, como poder, nacionalismo e ideologia, que serão analisadas na Sétima Lição.

No seu curto mandato, interrompido pela primeira onda de cassações promovida pelo regime militar instaurado por força de golpe em 1964, Guerreiro elaborou alguns projetos de lei e atuou em defesa das reformas de base propostas pelo então presidente João Goulart (Freire, 2015). Nesse período, escreveu várias obras e artigos que explicitavam sua concepção da revolução nacionalista brasileira e suas tensões com o Partido Comunista e seus intelectuais. Seu livro *Mito e Verdade da revolução brasileira* foi publicado nessa época, e será apresentado na Oitava Lição desta obra.

Com a instauração da ditadura, Guerreiro encontrou abrigo na FGV, instituição na qual permaneceu até 1966. Com apoio do então presidente da FGV, Simão Lopes, e financiamento da Fundação Ford, Guerreiro empreendeu pesquisas que germinariam no seu primeiro trabalho mais conhecido no campo da administração, intitulado *Administração e estratégia do desenvolvimento: elementos de uma sociologia especial da administração* (Ramos, 1966).

No mesmo ano de lançamento dessa obra, Guerreiro se mudaria para a University of Southern California (USC), instituição na qual permaneceria até sua morte, em 1982. Na USC, Guerreiro dedicou-se de forma mais regular às atividades acadêmicas e voltou-se para aulas, publicações e pesquisas no campo da teoria da administração. O conteúdo mais significativo dessas publicações será visto na Nona Lição, em que analisaremos sua teoria da delimitação social e sua crítica às modernas ciências sociais.

Nesse momento de exílio, os vínculos até então intensos que Guerreiro cultivava com a vida político-intelectual do Brasil seriam muito prejudicados, ocasionando uma fratura na sua recepção que afetaria seu prestígio por muito tempo (Maia, 2012). Ao longo das décadas de 1970 e 1980, Guerreiro permaneceu relativamente esquecido, assim como vários outros intelectuais nacionalistas associados ao projeto do Iseb, que viriam a ser considerados ultrapassados por novas tendências políticas e pela própria crítica intelectual ao conceito de populismo (Motta, 2010).

No fim dos anos de 1970, com o início do processo de abertura política, Guerreiro voltou a frequentar o Brasil, sendo convidado a tomar parte num seminário organizado pelo CPDOC sobre os 50 anos da Revolução de 1930. Nessa ocasião, preparou um texto sobre a sociologia das ideias do Brasil, que será tema da nossa Décima e última Lição, e concedeu sua derradeira entrevista, para as pesquisadoras Alzira Alves de Abreu e Lúcia Lippi Oliveira. Essa entrevista, publicada na íntegra como anexo do livro de Lúcia Lippi (Ramos, 1995a), permanece até hoje como referência incontornável para todos os interessados em conhecer não apenas a vida de Guerreiro Ramos, mas também suas polêmicas opiniões sobre a formação da sociologia no país, bem como as razões de seu desencanto com o Brasil.

Segunda Lição

A sociologia como ciência do planejamento

A primeira etapa da produção sociológica de Guerreiro Ramos foi realizada durante o seu trabalho em duas organizações constituídas pelo Estado Novo – o Departamento Nacional da Criança (DNC) e o já citado Dasp –, tendo ingressado em ambas no ano de 1943. Como um sociólogo trabalhando em órgãos da administração pública, Guerreiro interessou-se pela contribuição da sociologia para o planejamento por meio de uma abordagem histórica da realidade brasileira, tema que abordaremos nesta lição.

O DNC fora instituído em fevereiro de 1940 com o intuito de promover estudos e políticas que protegessem a maternidade e a infância no país. No seu âmbito, o curso de Puericultura e Administração foi criado para capacitar servidores, ensinando a eles saberes modernos que lhes permitissem atuar no tratamento dos fatores que incidiam sobre os problemas da infância, o que incluía a sociologia. Assim, o trabalho à frente da cadeira de Problemas Econômicos e Sociais do Brasil representou uma oportunidade para Guerreiro articular sua visão da sociologia como ciência histórica do planejamento.

Em sua dissertação de mestrado, Thiago Lopes (2012) analisou os escritos e as aulas de Guerreiro Ramos no período, mostrando o impacto que o curso oferecido pelo norte-americano Donald Pierson exercera sobre ele. Pierson era um experiente sociólogo formado na tradição da Escola de Chicago e trabalhava na Escola Livre de Sociologia e Política de São Paulo (Elsp) com o intuito de formar cientistas sociais e definir de modo mais preciso os limites da sociologia científica no país (Maio; Lopes, 2022). Como mostrou Lopes (2012), Guerreiro apropriou-se do saber científico oriundo da Escola de Chicago para afirmar o seu projeto de uma ciência aplicada para a resolução dos problemas sociais brasileiros, o que implicava não uma atitude servil de cópia ou imitação de padrões de trabalho, mas uma recepção inovadora que situasse os problemas brasileiros como inspiração para teoria.

É possível também verificar tal atitude criativa em outros cursos oferecidos por Guerreiro Ramos para a burocracia pública – esses, por sua vez, no Dasp. À primeira vista, seus textos são eminentemente técnicos, tratando de temas comuns a quaisquer sociedades industriais, como trabalho, racionalização, burocracia e planejamento. Mas Guerreiro mostra como esses conceitos devem ser ponderados à luz da experiência histórica de cada sociedade e dos seus efeitos sobre a personalidade dos indivíduos.

Um marco dessa etapa é seu texto sobre a obra de Max Weber, com a qual tomou contato a partir da tradução mexicana de *Economia e sociedade* (Ramos, [1946] 2006)[1]. Em sua resenha desse texto, Guerreiro empreendeu detalhada exposição de conceitos-chave do sociólogo alemão, tais como racionalização, ação racional, tipos de dominação, tipo-ideal, carisma e capitalismo. Mas o que interessa reter aqui é como sua concepção da obra de Weber se relaciona com o tema geral desta lição, que é a relação entre teoria sociológica, história e realidade brasileira.

Ao apresentar a obra de Weber, Guerreiro afirma:

> Nela se espelha a consciência do drama de uma época em que os objetivos da sociedade e aqueles da personalidade particular de cada homem parecem contraditórios, época, portanto, eticamente descaracterizada, de onde

---

[1]. Este texto foi originalmente publicado na *Revista do Serviço Público* em 1946, mas neste livro utilizo a reedição de 2006, disponível *on-line*.

> está banida, por ser desnecessária e inconsequente, a eloquência do heroísmo humano. Max Weber, tão diferente, neste particular, de Karl Marx, não é um reformador social, antes, parafraseando Jaspers, uma sociologia, a compreensão militante de seu tempo. O seu nome não servirá, por isto, jamais para bandeira de programas de salvação, pois sua obra é escrupulosamente antievangélica e a ilustração mais insofismável de uma elaboração da inteligência consciente dos seus limites e de sua historicidade (Ramos, 2006, p. 268).

Nessa passagem, Guerreiro reafirma a visão de Weber como um sociólogo antinormativo, isto é, que não deduz a validade de valores políticos ou éticos a partir da investigação científica dos fatos. Em seguida, porém, ao apontar a relevância de sua obra para os brasileiros, argumenta que sua "concepção genuinamente científica do mundo" seria especialmente útil num país "culturalmente colonial" como o Brasil. Ou seja, a ciência não normativa de Weber teria um sentido diferente em um país periférico em que a vida cultural seria espúria ou colonizada, como analisou Edson Bariani Jr. (2010).

Já a sua tese intitulada *Uma introdução ao histórico da Organização Racional do Trabalho (Ensaio de Sociologia do Conhecimento)* (Ramos,

[1950] 2009)[2] é uma excelente síntese de como Guerreiro absorvia as discussões sociológicas norte-americanas e europeias de seu tempo para pensar os problemas históricos brasileiros.

Esse longo trabalho começa por definir historicamente os conceitos de "trabalho" e "racionalização", ambos centrais na teoria sociológica. De modo geral, a discussão proposta pelo autor não foge ao que se conhece da teoria clássica de Max Weber, que descrevia a racionalização como um processo de desencantamento do mundo que teria permitido a emergência de uma atitude metódica e disciplinada de transformação do ambiente (cf. Pierucci, 2003).

Em seguida, Guerreiro trata do impacto do fenômeno da racionalização sobre o mundo do trabalho, apresentando as principais características dos modelos de produção taylorista e fordista e analisando o impacto de tais transformações em diferentes países, como França e Alemanha. Finalmente, caracteriza a racionalização na administração pública como "um processo de transformação do aparato estatal, que se opera à custa da diminuição (e até anulação)

---

2. Este trabalho foi apresentado por Guerreiro como uma tese para concurso de provimento de cargos administrativos da carreira de Técnico de Administração do Quadro Permanente do Dasp, em 1949. Utilizo neste livro a versão impressa de 2009.

da eficácia da tradição, ou melhor, que implica a substituição de 'folkways' por 'technicways'" (Ramos, 2009, p. 86).

Após preparar essa contextualização histórica e sociológica, Guerreiro introduz o caso brasileiro, em que uma formação histórica marcada pelo chamado "privatismo" prejudicaria o surgimento de técnicas racionais de organização do Estado e do trabalho. Nos tempos de Guerreiro, o "privatismo" era entendido como o predomínio das relações familiares e clânicas fundamentadas na grande propriedade de terra sobre as regras impessoais do Estado burocrático (Botelho, 2007). Como exemplo desse predomínio, teríamos a política como "patronagem", pois baseada em práticas de proteção e favorecimento pessoal que impediriam a consolidação de regras cívicas e igualitárias. Assim, Guerreiro afirma: "A vitória das novas formas burocráticas depende, sobretudo, da urbanização e industrialização do Brasil" (Ramos, 2009, p. 97).

Se parássemos por aqui, teríamos nesse texto um exemplo do uso de teorias sociológicas europeias e norte-americanas com o objetivo de criticar ou denunciar o "atraso brasileiro", na melhor tradição do ensaísmo que pensou o país a partir do signo das ausências ou das incompletudes (Tavolaro, 2014). Mas o fim do texto reserva uma reviravolta.

No capítulo XII, intitulado "Sociologia do Trabalho", Guerreiro mergulha em outras perspectivas sociológicas para repensar o lugar da racionalização nas sociedades modernas. Assim, argumenta que os pressupostos que organizaram o taylorismo e o fordismo não se mostrariam mais atuais, em função do que se sabe sobre o funcionamento das empresas e das sociedades. Guerreiro critica tais pressupostos por se basearem numa visão excessivamente técnica dos homens, que seriam medidos e avaliados em função de sua produtividade e de seu desempenho especializado. Nos dizeres do autor: "A racionalização, à luz dos novos estudos, revelou-se como uma espécie de camisa de força com a qual se submetia o operário e, por isto, como um fator de desequilíbrio social" (Ramos, 2009, p. 103).

Guerreiro cita parte significativa da sociologia norte-americana de seu tempo, que destacava a relevância dos fatores culturais e informais para a explicação de como os indivíduos se comportariam numa organização. Isso lhe permite, assim, criticar a celebração da racionalização, o que, de certo modo, contribuiria também para relativizar o suposto atraso brasileiro.

Três anos depois, em uma publicação intitulada *A sociologia industrial: formação, ten-*

dências atuais (Ramos, 1952), Guerreiro aprofundaria os diagnósticos traçados naquele primeiro trabalho de fôlego. As cinco primeiras partes desse texto replicam a tese de 1949, mas há outros elementos, que lhe permitem aprofundar a análise sobre os novos paradigmas da sociologia do trabalho. Segundo Guerreiro, os fatores humanos e interativos estariam cada vez mais sendo levados em conta na avaliação dos processos de cooperação industrial, o que o leva a esboçar a seguinte hipótese:

> A organização racional do trabalho, constituída, inicialmente, sob a influência da ciência matemática, como uma "pura teoria de engenheiro", tende, atualmente, a tornar-se um sistema integrado de ciências do homem, aplicado ao trabalho (Ramos, 1952, p. 123).

A percepção de que conceitos sociológicos deveriam ser ponderados em função da realidade histórica é perceptível em outro trabalho técnico também elaborado por Guerreiro. Trata-se de um breve artigo sobre nível de vida, que viria a compor um volume intitulado *Sociologia do orçamento familiar* (Ramos, 1950), reunindo conferências ministradas por Guerreiro para o curso de Puericultura e Administração no âmbito do DNC.

Nesse texto, Guerreiro apresenta os principais critérios utilizados para medir os níveis de vida de uma classe, destacando a identificação da unidade familiar para a estimativa dos gastos de consumo. O sociólogo baiano pondera que, com o avanço da urbanização e da industrialização, os indivíduos se tornariam mais autônomos, o que implicaria entender o padrão orçamentário individual dos cidadãos, e não os englobar na unidade familiar. Além disso, outros fatores devem ser levados em conta:

> Tais fatos evidenciam que os níveis de vida não existem abstratamente. São condicionados pela estrutura econômica e social. Há vários determinantes dos níveis de vida, entre os quais o coeficiente de dependentes por pessoas ativa, a renda nacional, a estratificação social, a concentração da propriedade rural, fatores culturais, clima, recursos educacionais, caráter da mão de obra etc. (Ramos, 1950, p. 55-56).

Como se vê, Guerreiro busca na sociologia elementos teóricos para fundamentar o planejamento da sociedade brasileira. Mas, em vez de apenas sugerir que os administradores empregassem as técnicas criadas nos Estados Unidos e na Europa para racionalizar o trabalho e modernizar o Estado, o sociólogo criticava a simples transposição mecânica de conceitos e a perda de humanização produzida pela racionalização, e defendia a necessidade de entender a formação histórico-cultural brasileira para a criação de estruturas administrativas modernas que permitissem um real desenvolvimento nacional. Como se verá nas próximas Lições, o tema da alienação se converteria numa das lições fundamentais da sociologia de Guerreiro.

Terceira Lição

O negro como sujeito

A negritude nunca foi um simples objeto de estudo para Guerreiro Ramos, mas uma condição existencial que marcou sua trajetória biográfica e suas ideias. Nesta lição, discutiremos como o sociólogo baiano analisou criticamente o modo como as ciências sociais tornaram o negro um "objeto", elaborou uma alternativa teórica baseada na hipótese do negro-vida, tematizou de forma pioneira o problema da branquitude como norma e, finalmente, demonstrou a conexão entre alienação racial e alienação científica.

Como mostra Muryatan Barbosa (2023), Guerreiro alimentou diferentes ideias e perspectivas sobre os conceitos de raça, democracia racial e racismo na sociedade brasileira, bem como sobre sua própria autoidentificação. Na já citada entrevista concedida ao CPDOC, Guerreiro se classifica racialmente de distintas formas em um curto espaço de tempo. Ao responder uma pergunta feita por Lúcia Lippi sobre a anotação constante na sua ficha policial produzida na ditadura, que continha a frase "Alberto Guerreiro Ramos, mulato, metido a sociólogo", ele responde: "Sou negro e nos Estados Unidos nunca senti a minha cor" (Ramos, 1995a, p. 174). Logo em seguida, quando questionado pela mesma entrevistadora sobre a teoria do branqueamento, afirma que "o mulato percebe coisas que o branco e preto não percebem, porque o mulato está entre os dois. A minha psicologia de mulato me dá uma percepção" (Ramos, 1995a, p. 175). Mas essa autoidentificação oscilante não impediu Guerreiro de perceber o racismo que forjava o país e de empenhar sua energia intelectual para desvendar seus mecanismos e seus efeitos nas próprias ciências sociais.

Boa parte dos estudos mais conhecidos de Guerreiro Ramos sobre raça e racismo no Brasil foi feita entre o final da década de 1940 e a primeira metade da década de 1950, refletindo um período de sua trajetória marcado pela formação de laços com outros intelectuais negros e pela participação em importantes iniciativas, como o já mencionado TEN. Segundo Muryatan Barbosa (2013), a visão de Guerreiro sobre o tema se alterou entre o final da década de 1940 e os primeiros anos da década seguinte, em especial após o I Congresso do Negro, em que intelectuais brancos tidos como "aliados" reagiram mal a afirmações calcadas na valorização estética, cultural e intelectual da negritude.

Guerreiro originalmente pensava a negritude integrada a um caldo cultural brasileiro propício à harmonização social, revelando uma visão que dialogava com o ideal de democracia racial. Naquele momento, o termo era discutido e disputado por intelectuais e ativistas negros, que o associavam a um projeto coletivo de afirmação que encontraria respaldo na tradição cultural brasileira (Alberto, 2017; Guimarães, 2001). Porém, segundo Barbosa (2013), Guerreiro iria progressivamente acionar um sentido mais agudo de negritude, interpretando o fenômeno como uma ferramenta para desmantelar o ideal de branquitude e denunciar a formação colonial da vida cultural e intelectual brasileira.

Guerreiro Ramos publicou vários textos em jornais e revistas sobre tais questões, mas destaco aqui dois que considero os principais. Em "O problema do negro na sociologia brasileira" ([1954] 1995b)[3] e "Patologia social do branco

---

3. Esse texto foi originalmente publicado no livro *Cartilha brasileira do aprendiz de sociólogo*, editado em 1954. Utilizo aqui a versão que fez parte da segunda edição da obra *Introdução crítica à sociologia brasileira*, lançada pela Universidade Federal do Rio de Janeiro (UFRJ) em 1995. Por sua extensão e sua temática, optei por analisá-lo como um texto à parte, referenciando-o de forma distinta da *Cartilha*. Mais recentemente, o texto foi reeditado na coletânea *Negro sou* (Ramos, 2023), organizada por Muryatan Barbosa.

brasileiro" ([1957] 1995c)[4], o sociólogo baiano oferece poderosas lições não apenas sobre o lugar do negro na sociedade brasileira, mas também sobre a construção histórica do que hoje chamamos de "branquitude", bem como sobre o papel das ciências sociais na reprodução do racismo em nossa sociedade.

No primeiro texto, Guerreiro argumenta que a produção das ciências sociais sobre a chamada "questão do negro" dizia mais sobre a alienação da sociologia brasileira do que propriamente sobre o povo negro que os cientistas imaginavam estudar. Essa alienação é demonstrada na primeira seção do texto, em que o sociólogo critica a importação ingênua e acrítica de conceitos como "aculturação", "assimilação" e "integração", que reproduziriam uma visão estática das relações entre grupos. Guerreiro define essa alienação como um processo pelo qual a ciência social aplicaria de forma mecânica esquemas teóricos exógenos, sem atentar para os problemas e as controvérsias reais produzidas pelo processo de desenvolvimento de uma sociedade nacional. Esse seria o caso dos estudos

---

4. Este texto fazia parte da seção "Documentos de uma sociologia militante", terceira parte da primeira edição de *Introdução crítica à sociologia brasileira*, publicado originalmente em 1957. Uso aqui a versão do livro de 1995, lançada pela UFRJ.

de antropologia feitos no Brasil de então, que, na perspectiva do autor, se limitariam a tratar do negro do ponto de vista de seus costumes supostamente "folclóricos" e de sua cultura, ignorando o seu papel na própria constituição do povo trabalhador brasileiro.

Essa posição de Guerreiro deve ser entendida à luz de suas críticas tanto à antropologia como aos estudos de comunidade, então amplamente disseminados nas ciências sociais brasileiras e que se pautavam pelo estudo detalhado de uma localidade específica delimitada a partir de seu território e de sua cultura[5]. Como mostra Marcos Chor Maio (1997), Guerreiro era um dos sociólogos que consideravam que a aplicação de métodos dos estudos de comunidade contribuía para reiterar o estudo de detalhes e miudezas da vida social, impedindo a elaboração de pesquisas mais relevantes sobre a modernização da sociedade brasileira.

No texto de 1954, Guerreiro também se dedica a analisar a contribuição de diversos escritores e pensadores brasileiros aos estudos sobre relações étnico-raciais. O critério que utilizou para

---

5. O artigo de Caldas e Silva (2023) demonstra como a crítica de Guerreiro às teorias da chamada Escola de Chicago sobre assimilação já se articulava às suas ideias antirracistas.

avaliar a pertinência de cada obra e a qualidade dos seus autores foi a maior ou menor adesão deles a uma atitude científica realista e objetiva, que evitaria interpretar a realidade brasileira à luz de critérios exógenos ou esquemas teóricos datados. Assim, é curioso notar como Guerreiro elogia nomes como Sílvio Romero, Euclides da Cunha, Alberto Torres e Oliveira Vianna, mesmo reconhecendo neles inúmeras formulações racistas equivocadas (caso típico de Vianna, conhecido por posições arianizantes). Palavras mais duras são reservadas aos antropólogos.

Guerreiro considera que autores como Nina Rodrigues, Arthur Ramos, Gilberto Freyre e outros teriam contribuído para a produção do "problema do negro", sintoma fundamental da alienação científica e racial desses intelectuais. E por que Guerreiro considera que tais estudos eram profundamente problemáticos? Porque eles seriam orientados a partir de uma perspectiva que pensava os negros como um grupo "diferente" cuja integração à sociedade nacional era tida como problemática e/ou patológica, sem nunca questionarem o ponto de vista que instituía essa diferença entre "normal" e "patológico".

Nas palavras do próprio autor, "a partir de que norma, de que padrão, de que valor, se define como problemático ou se considera tema o negro no Brasil? [...] que se supõe devesse ser a sociedade nacional em que o dito problema estivesse erradicado?" (Ramos, 1995b, p. 190). Ao analisar criticamente a pergunta, Guerreiro conduz o leitor às várias respostas possíveis, até chegar ao que realmente seria o problema: a negritude do negro, sua cor, seria o problema a ser explicado pela "branca" ciência social de seu tempo.

Como se vê, Guerreiro inverte o problema. Não haveria nada de patológico no negro brasileiro, mas sim na elite letrada branca que incorporaria os ideais da brancura como seus, guiando-se por uma realidade europeia tida como desejável e superior. Ou seja, a patologia – como irá explorar em texto posterior – era do branco, não do negro.

Assim, o "negro como tema" traduzia a alienação da ciência social praticada no Brasil, país racialmente diverso, no qual o preto era povo e, portanto, maioria, mas onde os intelectuais insistiam em vê-lo como um grupo apartado.

Feito o movimento crítico, chega o momento de Guerreiro apresentar sua alternativa teórica e existencial, que é explicitada na seguinte passagem do texto de 1954:

> Sou negro, identifico como meu o corpo em que o meu eu está inserido. Atribuo a sua cor à suscetibilidade de ser valorizada esteticamente e considero a minha condição étnica como uma das condições de meu orgulho pessoal – eis aí toda uma propedêutica sociológica, todo um ponto de partida para uma elaboração hermenêutica da situação do negro no Brasil (Ramos, 1995b, p. 199).

Essa passagem inicia uma transição do negro como "tema" para o negro como "vida", e tem profundos efeitos para a produção de conhecimento. Trata-se, portanto, de evitar a folclorização das populações negras e de percebê-las como parâmetros da vida popular brasileira, analisando sua contribuição para o desenvolvimento nacional e descartando análises que se limitam a ver o negro do ponto de vista de sua cultura tida como "tradicional".

Nas etapas finais do texto, Guerreiro analisa a origem dessa atitude de afirmação e liberdade, identificando o papel de nomes como Joaquim Nabuco e Álvaro Bomílcar e explorando a cristalização dessa perspectiva nos trabalhos empreendidos pelo TEN. O autor detalha como o TEN trabalhou pela afirmação étnica do negro brasileiro e pelo combate ao racismo e a seus efeitos, por meio de atividades que eram orientadas não pela cristalização de uma cultura segregada, mas pela libertação do potencial humano desse grupo.

No ano seguinte, a distinção entre negro-tema e negro-vida é reiterada no texto "Patologia social do branco brasileiro". Nesse escrito, o ponto sugerido na segunda parte do texto de 1954 é expandido, como se pode ver na seguinte afirmação de Guerreiro: "O negro-tema é uma coisa examinada, olhada, vista, ora como ser mumificado, ora como ser curioso, ou de qualquer modo como risco, um traço da realidade nacional que chama atenção. [Já o negro-vida é] algo que não se deixa imobilizar" (Ramos, 1995c, p. 215).

Guerreiro discorre então sobre o conceito de "patológico", mobilizando sociólogos como Émile Durkheim para argumentar que a definição de "normal" não poderia ser feita de modo abstrato, pois tais delimitações variam historicamente, em função das fases pelas quais cada sociedade passaria. Aplicando tal entendimento para o caso brasileiro, Guerreiro argumenta que, no período colonial, a ideologia da brancura como norma faria sentido, pois se traduziria como um instrumento de dominação empregado por uma cultura exógena para dominar uma sociedade colonizada. Longe de considerar tal ideologia algo positivo ou desejável, Guerreiro se limita a considerar que ela estava ajustada à fase colonial vivida então. Nas palavras do autor:

> Nas condições iniciais da formação do nosso país, a desvalorização estética da cor negra, ou melhor, a associação desta cor ao feio e ao degradante afigurava-se normal, na medida em que não havia, praticamente, pessoas pigmentadas senão em posições inferiores (Ramos, 1995c, p. 219).

Mas, em meados do século XX, a brancura como critério do que seria tido como "normal" não faria o menor sentido, pois não existiriam mais suportes materiais para identificar negros com posições estamentais inferiores na escala social, já que o que Guerreiro chama de "massa pigmentada" teria absorvido grande parte das pessoas brancas. Ou seja, num país fortemente mestiçado, a brancura como norma seria uma patologia, uma "sobrevivência que embaraça o processo de maturidade psicológica do brasileiro" (Ramos, 1995c, p. 231).

Para demonstrar empiricamente o ponto, Guerreiro passa então a analisar a realidade demográfica e racial nos estados do Norte do país para argumentar que, em tais regiões, praticamente não haveria mais setores brancos, o que não impediria que parte significativa dos intelectuais locais pensassem o "problema do negro" como se brancos fossem.

Finalmente, Guerreiro mobiliza o debate filosófico sobre o conceito de "simpatia" para argumentar que a patologia do branco impediria o desenvolvimento de sentimentos de pertencimento entre os membros da comunidade. Nesse ponto, o autor integra sua crítica à alienação racial ao tema da alienação científica e política, pois considera que em situações coloniais não se conseguiria gerar a percepção coletiva de semelhanças físicas e culturais que seriam cruciais para a coesão de um grupo. E os estudos antropológicos que tratavam o negro como um "problema" contribuíam decisivamente para essa construção da diferença.

Como já apontaram comentadores, particularmente Muryatan Barbosa, são notáveis as semelhanças entre essas afirmações e as perspectivas desenvolvidas na mesma década pelo médico, escritor e revolucionário de origem martinicana Frantz Fanon no seu clássico livro *Pele negra, máscaras brancas* (Fanon, [1952] 2008). Nessa obra, Fanon também se dedicou à investigação da racialização como um mecanismo que fixava a identidade negra a partir do olhar do branco, impedindo a plena humanização dos negros, que seriam sempre enquadrados à luz de sua diferença fundamental em relação ao que se entendia ser o sujeito universal – o branco. De fato, em ambos os casos, há a denúncia da racialização como uma construção branca que transforma as pessoas negras em objetos de um olhar externo, aprisionando-as na cor de sua pele.

Mas há diferenças. Ao contrário de Fanon, Ramos foi formado na tradição do existencialismo cristão e da discussão sobre personalidade *versus* modernidade; além disso, relacionava o debate sobre a ideologia da brancura ao problema mais geral da construção das ciências sociais em uma sociedade periférica, tema que não interessava diretamente a Fanon. Ambos, porém, faziam parte de uma realidade transnacional ampla, na qual diferentes intelectuais negros questionavam os fundamentos da modernidade racializada e buscavam pensar elementos críticos que permitissem a denúncia do racismo e a superação da alienação racial (Gilroy, 1993; Guimarães, 2008; Medeiros da Silva, 2013).

São notáveis as lições de Guerreiro Ramos sobre a questão racial. Em primeiro lugar, ele estabelece uma abordagem sociológica dos estudos sobre raça e racismo, fazendo uma crítica ao modo como a antropologia teria contribuído para construir racialmente o negro como um outro subordinado. Além disso, Guerreiro sugere inverter o objeto de estudo, situando a brancura como a norma patológica a ser estudada e superada política e intelectualmente. Por fim, o autor integra sua crítica ao ideal de brancura a um processo de descolonização que deveria incidir fortemente sobre as próprias ciências sociais. Na próxima lição, iremos explorar o significado dessa sociologia anticolonial.

Quarta Lição

A sociologia como ciência anticolonial

Na lição anterior, vimos como os escritos de Guerreiro sobre raça e racismo na sociedade brasileira lhe permitiram criticar a alienação cultural dos intelectuais brasileiros. Nesta lição, discutiremos mais a fundo os conceitos de alienação e autenticidade, e exploraremos a conexão entre Guerreiro e o contexto político-intelectual marcado pelo processo de descolonização nos continentes africano e asiático.

Um primeiro texto em que Guerreiro trabalha esses conceitos é *O processo da sociologia no Brasil (esquema de uma História das Ideias)* (Ramos, 1953). Nesse ensaio curto e provocativo, o autor analisa a história da sociologia no país à luz de duas questões centrais: a) a articulação entre universalismo e nacionalismo; b) a persistência da alienação das elites em sociedades colonizadas.

O texto se abre com uma discussão a respeito da universalidade da sociologia. Guerreiro reconhece que todo sociólogo aspira à universalidade em sua prática científica, ou seja, deseja produzir conhecimento com validade para todas as culturas, tal como ocorre na matemática, por exemplo. Entretanto, considera que esse cenário estava distante, pois toda grande teorização sociológica era moldada pelo fenômeno nacional, como se poderia verificar nas obras de autores clássicos como Weber e Durkheim. A crença de que tais teorias seriam naturalmente universais seria um produto do eurocentrismo e, quando partilhada por culturas periféricas, um mecanismo de compensação para o complexo de inferioridade de suas elites.

Mas como seria essa articulação entre universal e nacional em sociedades não europeias, nas quais a sociologia chegaria como uma "importação"? Guerreiro analisa os casos da Índia, da Rússia, da China e do Japão, onde, segundo ele, a sociologia, após ser introduzida, teria efetivamente se tornado um instrumento de construção nacional, vinculando-se aos problemas reais que tais sociedades enfrentavam no caminho da afirmação nacional. Ou seja, em tais sociedades, a disciplina seria autêntica, pois conectada aos problemas reais de seus povos. Temos, portanto, uma primeira definição de "autenticidade", que se refere a uma prática científica e a um conjunto de ideias que têm ligação palpável com os problemas de uma dada sociedade.

A transformação da sociologia numa ciência adaptada aos problemas nacionais seria particularmente difícil em sociedades produzidas pelo colonialismo, como é o caso do Brasil. Isso se explicaria porque a evolução de tais países não se processaria de forma orgânica, a partir de dinâmicas próprias de sua história, mas sim por saltos e rupturas revolucionárias, em geral impulsionadas de fora. Um resultado comum dessa condição seria o predomínio de um espírito imitativo das elites, o que Guerreiro chama de "imperialismo mimético", isto é, uma atitude de submissão ao colonizador não pela força, mas pela atração que suas ideias exercem sobre os grupos dominantes das sociedades colonizadas. O sociólogo baiano considera que tal espírito de imitação se manifestaria numa linhagem de intelectuais marcada pelo que chama de "sociologia consular", ou seja, orientada para a discussão abstrata de doutrinas estrangeiras. Guerreiro elenca nessa linhagem nomes como Tobias Barreto, Pontes de Miranda, Mário Lins e Tristão de Ataíde, entre outros.

Mas seria possível também detectar outra atitude diante do problema colonial, marcada pelo enfrentamento com a realidade objetiva do país e pela adaptação criativa de ideias. Nessa linhagem, na qual evidentemente o próprio autor se insere, figuram nomes como Sílvio Romero, Euclides da Cunha, Alberto Torres e Oliveira Vianna, entre outros. Guerreiro os agrega a partir da hipótese de que todos teriam logrado pensar o "problema nacional brasileiro" de maneira autêntica, sem se preocuparem com a discussão abstrata e idealista de ideias e conceitos produzidos em outras experiências nacionais. É interessante notar que Guerreiro também insere nessa linhagem nomes identificados com o processo de institucionalização científica da disciplina no Brasil, como Fernando de Azevedo e Florestan Fernandes (este, apenas alguns anos depois, se tornaria um dos principais alvos do sociólogo baiano).

E como Guerreiro define "alienação" no texto de 1953? Esse conceito surge para designar a enorme distância entre o povo e as elites locais no que se refere à produção da cultura, atividade tida pelo autor como fundamental para um processo real de construção nacional. Enquanto o povo seria capaz de atividade criadora, pois produziria cultura a partir de sua real experiência, as camadas letradas seriam forjadas num processo educativo castrador e alienante, que lhes faria olhar para o exterior como fonte de todo conhecimento.

Guerreiro integra diferentes fenômenos na sua explicação da alienação cultural: a condição histórica colonial do país, que teria produzido um processo histórico heteronômico, isto é, desprovido de autonomia e orientado para o exterior; e a desigualdade brutal entre elites e massas, que impediria a formação de uma consciência nacional criadora.

Mas qual a alternativa vislumbrada pelo autor? É a criação de uma sociologia entendida como "autêntica", ou, no dizer do próprio Guerreiro: "A tarefa essencial dos novos sociólogos parece-me consistir em dar a esta ciência o caráter de instrumento de organização da sociedade brasileira" (Ramos, 1953, p. 31).

Essa pregação de Guerreiro não se orienta para a defesa de uma sociologia xenófoba ou isolacionista. O autor considera fundamental o diálogo com a sociologia norte-americana, por exemplo, desde que tal intercâmbio se dê no campo do aprendizado de técnicas de pesquisa, e não na forma de adoção de atitudes culturais alheias. Ou seja, uma sociologia autêntica empregaria os meios técnicos mais adequados (critério universal) para investigar problemas que são relevantes para a nacionalidade (critério particular). Exemplo de alienação seria o caso dos já citados estudos sobre o negro no Brasil, que não apenas empregavam as técnicas de investigação da antropologia norte-americana, como também replicavam a atitude conceitual e filosófica desse conjunto de teorias, importando de modo acrítico abordagens baseadas em ideias sobre "assimilação".

Nos anos seguintes, as ideias esboçadas nesse provocativo texto de 1953 ganhariam desenvolvimento e elaboração. Em "Notas para um estudo crítico da sociologia no Brasil" ([1957] 1995e), capítulo integrante do livro *Introdução crítica à sociologia brasileira*[6], Guerreiro reapresenta seu esquema explicativo e desenvolve mais adequadamente suas hipóteses sobre alienação e autenticidade.

Ao diagnosticar a formação colonial brasileira e seus efeitos psicológicos e culturais, Guerreiro analisa como tais processos repercutem na sociologia como disciplina, destacando os seguintes traços intelectuais: simetria/sincretismo; dogmatismo; dedutivismo; alienação;

---

6. Estou usando a versão editada em 1995 pela UFRJ, que incorporou outros textos ao material originalmente publicado em 1957.

inautenticidade. Vale a pena esboçar definições breves de tais conceitos, demorando-nos um pouco mais nos dois últimos.

"Simetria" refere-se à tendência do sociólogo colonizado de imitar e se apropriar do que ele considera o mais avançado nas sociologias centrais; "sincretismo" implica uma tentativa ingênua de conciliar as teorias mais atuais, mesmo que sejam diametralmente opostas; "dogmatismo" refere-se ao argumento da autoridade, ou seja, à crença na validade de um postulado por conta do prestígio de seu autor (em geral, estrangeiro); "dedutivismo" seria a tendência de tomar os esquemas explicativos exógenos como ponto de partida para qualquer análise da sociedade brasileira.

"Alienação", por sua vez, é explicada pelo autor como uma tendência do sociólogo local de analisar a realidade brasileira sem ter como perspectiva a autodeterminação nacional. Ou seja, Guerreiro argumenta que o processo de conhecimento genuíno precisaria estar integrado com um desejo de autonomia e de transformação da realidade, desejo este que estaria ausente em boa parte dos cientistas sociais brasileiros. Como se vê, nesse texto, o conceito de alienação refere-se mais diretamente à estruturação da sociologia entre nós.

Já "inautenticidade" seria o resultado de todas as atitudes anteriores, designando um tipo de sociologia que não tem respaldo nas vivências coletivas e nacionais de um povo. Guerreiro considera que a sociologia europeia teria desenvolvido conceitos e teorias que seriam resultados de um processo histórico coerente, ao passo que, no Brasil, a disciplina seria marcada por debates abstratos de ideias sem relação com os reais desafios nacionais. Nas palavras do próprio autor,

> Ora, os nossos sociólogos têm adotado os sistemas sociológicos europeus em suas formas terminais e acabadas e, na medida em que isso acontece, não os compreendem cabalmente, para tanto lhes faltando os suportes vivenciais e, muitas vezes, o conhecimento da gênese histórica destes sistemas (Ramos, 1995e, p. 43).

Mais uma vez, a tensão entre universal e particular se faz presente. Guerreiro considera que, como toda ciência, a sociologia é universal em seus métodos e técnicas. Porém, a produção de questões e problemas derivaria das vivências culturais e coletivas dos sociólogos, sujeitos inseridos num dado processo coletivo que deve ser traduzido. No caso brasileiro, entende-se que a condição colonial e a alienação resultante seriam obstáculos poderosos para que esse processo ocorresse, o que explicaria a atitude militante de Guerreiro, que se vê empenhado numa batalha que não é puramente intelectual, mas vinculada aos destinos do Brasil como nação autônoma.

Finalmente, é importante notar que a discussão que Guerreiro fazia em meados da década de 1950 estava profundamente vinculada com a fermentação intelectual ativada pelos processos de descolonização no chamado Terceiro Mundo. Nessas regiões, diferentes escritores, ativistas e intelectuais também buscavam formular ideias sobre autodeterminação nacional que permitissem articular universalismo e particularismo em bases não eurocêntricas (Barbosa, 2020).

Ao leitor pode parecer estranho aproximar o Brasil, país que se emancipou politicamente em 1822, de nações e regiões que, no início da década de 1950, ainda eram efetivamente colônias. Mas, como vimos, Guerreiro definia a condição colonial como um sistema cultural e filosófico complexo, uma totalidade que se estrutura globalmente e afetaria todas as regiões do Terceiro Mundo, e não como um fenômeno histórico já superado. Além disso, o sociólogo baiano estava atento às ideias sobre descolonização e nacionalismo periférico que circulavam em todo o mundo (Motta, 2010).

Em 1956, Guerreiro viajou a Paris, capital que exerce papel importante na formação de redes transnacionais anticoloniais (Goebel, 2016), por conta, entre outros fatores, da forte presença de intelectuais de origem africana que lá iam continuar seus estudos. Em artigo escrito para *O Jornal* e intitulado "Centro e periferia do mundo", Guerreiro demonstra familiaridade com tais discussões, ressaltando a relevância da politização desses povos periféricos para um novo ordenamento do mundo (Ramos, 1956). Alguns meses depois, também em Paris, ocorreria o I Congresso de Escritores e Artistas Negros, no qual o pensador martinicano Aimé Césaire apresentaria uma conferência famosa, intitulada "Culture et colonisation" [Cultura e colonização]. Césaire era referência para o debate sobre negritude e descolonização, e seria citado por Guerreiro em alguns de seus textos da década de 1950.

Sintonizado com o seu tempo e com os debates da negritude e da descolonização, Guerreiro encontraria no Iseb a instituição adequada para amplificar sua teorização sociológica de inspiração anticolonial.

Quinta Lição

A sociologia como ciência dinâmica

Após entendermos os conceitos de "alienação" e "autenticidade", é fundamental analisarmos como Guerreiro Ramos procura passar da crítica ao que entendia ser uma sociologia "consular" a uma prática sociológica que acreditava estar orientada para a autodeterminação da sociedade brasileira. Esta lição explica esse movimento, apresentando o que o autor entendia por "sociologia em mangas de camisa", e que é aqui sintetizada como uma ciência social *periférica*, *criativa* e *aplicada*.

A expressão "sociologia em mangas de camisa" foi consagrada em um livro intitulado *Cartilha brasileira do aprendiz de sociólogo*, lançado em 1954, e que se originou de um conjunto de nove artigos publicados no jornal *Diário de Notícias*, nos quais Guerreiro elaborava mais detidamente as teses que sustentou no II Congresso Latino-Americano de Sociologia, realizado em julho de 1953, nas cidades do Rio de Janeiro e de São Paulo. Na ocasião, tais teses motivaram fortes críticas de outros sociólogos – em especial, do paulista Florestan Fernandes –, ocasionando uma conhecida controvérsia que opunha os que defendiam que a disciplina deveria seguir os mesmos padrões metodológicos e científicos que eram a norma nos países centrais (Europa e Estados Unidos) aos que, como Guerreiro, sustentavam que a sociologia latino-americana deveria ser orientada para as tarefas do desenvolvimento nacional, sem a preocupação de mimetizar as técnicas de pesquisa tidas como mais avançadas e buscando adaptar a ciência ao que se entendia ser "a realidade nacional" (cf. Bariani Jr., 2003).

Por motivos de espaço, não irei listar todas as teses apresentadas por Guerreiro Ramos, nem resumir cada um dos nove artigos isoladamente, mas identificar as principais ideias que conduzem o autor à defesa do que entende ser essa "sociologia em mangas de camisa", fazendo menção, quando necessário, a algumas dessas teses[7].

De maneira geral, as teses apresentadas pelo sociólogo baiano visavam adaptar os métodos, as técnicas e a agenda da sociologia ao que se

---

7. Novamente, utilizo-me da edição de 1995 da UFRJ, que integrou a *Cartilha brasileira do aprendiz de sociólogo* (Ramos, 1995d) à *Introdução crítica à sociologia brasileira*.

entendia ser a realidade social e econômica de países que ainda vivenciavam seus processos de desenvolvimento. Guerreiro defendia que, dada a pouca disponibilidade de renda e devido ao estágio de desenvolvimento científico e cultural das sociedades latino-americanas, os sociólogos da região deveriam orientar suas pesquisas para as tarefas mais urgentes do desenvolvimento econômico, evitando a dispersão dos poucos recursos no estudo de "miudezas" da vida social. O alvo de Guerreiro era principalmente os chamados "estudos de comunidade", já apresentados brevemente na Terceira Lição.

Nos dizeres do próprio autor:

> [...] no estádio atual de desenvolvimento das nações latino-americanas e em face das suas necessidades cada vez maiores de investimentos em bens de produção, é desaconselhável aplicar recursos na prática de pesquisas sobre minudências da vida social, devendo se estimular a formulação de interpretações genéricas dos aspectos global e parciais das estruturas nacionais e regionais (Ramos, 1995d, p. 106).

Essas orientações implicavam um debate a respeito do ensino da disciplina e do tipo de treinamento metodológico que seria necessário para os cientistas sociais da região, pois as condições estruturais de suas sociedades demandariam uma adaptação de técnicas e estilos de pesquisa. Novamente, nas palavras de Guerreiro:

> [...] na utilização da metodologia sociológica, os sociólogos devem ter em vista que as exigências de precisão e refinamento decorrem do nível de desenvolvimento das estruturas nacionais e regionais. Portanto, dos países latino-americanos, os métodos e processos de pesquisa devem coadunar-se com os seus recursos econômicos e de pessoal técnico e com o nível cultural genérico de suas populações (Ramos, 1995d, p. 106).

Como se vê, essas sugestões partem do reconhecimento da dimensão periférica das sociedades latino-americanas, que se refletiria tanto em limitações econômicas como em particularidades metodológicas. Ou seja, uma ciência social periférica não seria marcada apenas pela necessidade de enfrentar a escassez de recursos, mas também pelo requisito de adaptar técnicas e metodologias criadas em outros contextos. Trata-se, portanto, de uma sociologia *criativa*.

Segundo Guerreiro Ramos, os adversários dessa tese seriam representantes da sociologia "consular", já esmiuçada no texto de 1953 sobre a sociologia no Brasil, e que também poderia ser descrita como uma sociologia "enlatada", pois "é consumida como uma verdadeira conserva cultural" (Ramos, 1995d, p. 108). Na visão do sociólogo baiano, uma sociologia autêntica deveria partir dos problemas concretos produzidos pelas circunstâncias culturais e históricas nas quais os seus praticantes estariam inseridos, e não ser orientada para a adoção de conceitos, teorias e métodos que estariam em voga na Europa e nos Estados Unidos.

Como se vê, Guerreiro atribui a persistência dessa sociologia "enlatada" ao que entendia ser a formação histórica do Brasil como sociedade colonizada, e, portanto, marcada pelo fenômeno da transplantação cultural. Ou seja, instituições que, nos seus países de origem, atenderiam a propósitos e necessidades reais e concretas, teriam sido exportadas em sua fase terminal para o Brasil, o que as tornaria desconectadas das necessidades reais da coletividade.

A alternativa a tal sociologia enlatada ou consular seria uma ciência social autêntica, nomeada pelo autor como uma "sociologia em mangas de camisa". Para definir mais precisamente o que entendia por isso, Guerreiro mobiliza um conjunto de ideias sobre o subdesenvolvimento associadas à Comissão Econômica para a América Latina (Cepal), agência da Organização das Nações Unidas (ONU) criada em 1948 para pensar os problemas do subdesenvolvimento regional. Entre seus principais nomes, estavam figuras como o argentino Raul Prebisch e o brasileiro Celso Furtado, além de outros intelectuais que seriam citados por Guerreiro em diferentes textos do período.

O eixo central do chamado pensamento cepalino é a caracterização histórica e estrutural do chamado subdesenvolvimento – isto é, não se deveria entender o dito "atraso" econômico dessa região como uma simples etapa da modernização que já teria sido enfrentada e vencida pelos países industrializados e desenvolvidos. Prebisch e outros cepalinos argumentavam que os países colonizados se formaram como regiões periféricas no processo de constituição global do capitalismo, o que significa que suas dinâmicas econômicas teriam sido orientadas externamente, implicando severos obstáculos para a acumulação interna de capital e a formação de poupança necessária para investimentos. É por esse motivo que os processos de crescimento econômico vivenciados por tais sociedades em diferentes ciclos nunca teriam rompido com a estrutura subdesenvolvida, o que demandaria o uso de soluções novas, que não replicassem as mesmas políticas utilizadas nos séculos XVIII e XIX pelos países centrais.

As ideias cepalinas tiveram grande influência no debate econômico regional, conferindo legitimidade intelectual a políticas de substituições de importação e estratégias de industrialização que rompiam com preceitos do liberalismo clássico, mas também circularam amplamente entre cientistas sociais da região (Klüger; Wanderley; Barbosa, 2022). Foi o caso de Guerreiro Ramos, que identificou nessas ideias uma atenção à condição histórica das sociedades periféricas e seus efeitos sobre a teoria sociológica.

Vejamos a seguinte afirmação:

> A estratégia do desenvolvimento de um país é condicionada pela particular dinâmica de sua contextura, a qual, em cada fase histórica, apresenta a sua prioridade específica de necessidades de desenvolvimento. Desta forma não são necessariamente transferíveis, em dado momento, de um país para outro, quando estão em diferentes fases de desenvolvimento, os critérios de ação social (Ramos, 1995d, p. 134).

Assim, Guerreiro via nas ideias cepalinas tanto uma lição epistemológica – ou seja, um instrumento para os sociólogos latino-americanos pensarem as condições histórico-estruturais que moldariam suas teorias e hipóteses – como uma lição pragmática, que se refere à recomendação para que a construção da agenda de pesquisa sociológica na América Latina reconhecesse a pouca disponibilidade de renda e identificasse as tarefas mais urgentes do desenvolvimento nacional. É por conta dessa segunda dimensão, aliás, que a "a sociologia em mangas de camisa" deve ser entendida como uma sociologia *aplicada*, isto é, impulsionada para a resolução de questões tidas como fundamentais para o processo de autodeterminação do povo brasileiro.

A ideia da sociologia em mangas de camisa como uma ciência social periférica, criativa e aplicada pode ser exemplificada por meio do modo como Guerreiro Ramos trabalhou o conceito de "industrialização". Segundo ele, uma das principais tarefas dos sociólogos latino-americanos seria traduzir em conceitos a particularidade histórica vivenciada pelos povos da região, pois só assim a sociologia poderia abandonar seu caráter consular e enraizar-se na experiência vivida pelas comunidades nacionais, tal como ocorreu na França, na Alemanha e em demais países centrais, nos quais os conceitos expressavam questões fundamentais de suas respectivas realidades nacionais.

No caso latino-americano, o conceito que cumpriria tal função seria o de "industrialização", que, segundo o autor,

[...] constitui categoria cardinal da sociologia, especialmente da latino-americana. É, essencialmente, e sobretudo nos países da periferia econômica, um processo civilizatório, isto é, aquele mecanismo por meio do qual se operam as mudanças quantitativas e qualitativas nas estruturas nacionais e regionais (Ramos, 1995d, p. 145).

Guerreiro argumenta que tal conceito permitiria aos sociólogos da região apreenderem o que haveria de mais geral e relevante na vida de suas sociedades, evitando a dispersão de esforços intelectuais em temas fragmentados que seriam promovidos pela simples imitação de esquemas analíticos exógenos. Nesse sentido, trata-se de entender a industrialização como um conceito sociológico, mas que ganharia significados específicos na fase histórica enfrentada pelos latino-americanos, que não seria a mesma vivenciada pelos povos do Hemisfério Norte. Tem-se aí, portanto, a dimensão *periférica* e *aplicada* da sociologia em mangas de camisa, pois a reflexão sobre tal conceito deveria reconhecer a particularidade histórica latino-americana e servir como instrumento intelectual para auxiliar o processo de desenvolvimento autônomo da região.

Finalmente, tal esforço de conceituação não seria possível se os sociólogos não abandonassem a atitude imitativa e "consular" que ainda marcaria a disciplina no Brasil, principal obstáculo para uma sociologia *criativa* que reconhecesse a historicidade de seus conceitos e a necessidade de pensá-los à luz das circunstâncias nacionais e seus desafios.

Não à toa, um dos textos finais da *Cartilha*, intitulado "O problema da pesquisa sociológica no Brasil", dedica-se justamente a estabelecer a relevância da criatividade teórico-metodológica no ensino da disciplina em países periféricos. Segundo Guerreiro, o aprendizado de métodos de pesquisa se dá de modo dogmático e pouco operacional, o que transformaria os sociólogos periféricos em cultores de uma "ortodoxia metodológica" que deixaria pouco espaço para a inovação e a realização concreta de investigações empíricas. Segundo o autor,

> Há um acervo de preceitos e diretrizes resultantes do trabalho sociológico universal que todo verdadeiro pesquisador deve conhecer profundamente, sob pena de expor-se e, o que é pior, expor terceiros a desatinos. Todavia, esses preceitos e diretrizes não são rígidos; são flexíveis; são lemas. Além disto, na esfera das ciências sociais, ainda há muito oportunidade para invenção de processos de pesquisa (Ramos, 1995d, p. 152).

Guerreiro exemplifica essa inventividade ao discutir o conceito de mortalidade infantil, que teria se sofisticado a partir da identificação de diferentes causas de óbito. Segundo o autor, no caso brasileiro, não faria sentido imitar esse refinamento metodológico, dada a escassez de recursos de pesquisa e a própria precariedade do aparato estatístico. Ao mesmo tempo, o conceito de "escalas de consumo", por exemplo, seria produzido à luz das experiências sociais da América do Norte e da Europa, desconsiderando-se a realidade própria de países periféricos.

Mas ainda havia caminho a percorrer para estabelecer de forma científica e precisa os caminhos teórico-metodológicos para a efetivação de uma sociologia "em mangas de camisa" que fosse ao mesmo tempo *periférica*, *aplicada* e *criativa*. Em 1958, Guerreiro Ramos lançaria seu livro *A redução sociológica*, que se consolidaria como sua maior obra. A próxima lição é dedicada a ela.

Sexta Lição

A redução sociológica

Em 1958, Guerreiro lançou um livro que se tornaria sua obra mais conhecida, tanto no Brasil como em outros países da América Latina, a exemplo do México, nação na qual o livro ganhou uma tradução em língua espanhola no ano de 1959. *A redução sociológica*[8] condensava tudo que o autor elaborara ao longo da década de 1950, oferecendo uma visão teórica inovadora para uma sociologia periférica não eurocêntrica (Maia, 2015). Nesta lição, iremos discutir o significado do conceito de redução sociológica, evidenciando seus fundamentos científicos e demonstrando, por meio de exemplos, em que consiste esse conceito.

Inicialmente, é importante entender que Guerreiro considerava que essa atitude só poderia ser empregada de forma ampla a partir de determinadas condições histórico-sociais mais

---

8. Neste livro, utilizo a reedição publicada pela UFRJ em 1996.

gerais, que seriam dadas pela luta global anticolonial e pelo processo de desenvolvimento histórico dos povos situados na periferia do mundo capitalista. Ou seja, embora a redução seja um conceito aplicado à prática da sociologia, ela se justifica como uma atitude cultural ampla propiciada por um momento histórico no qual diferentes coletividades humanas estariam adotando uma "consciência crítica" em detrimento de uma "consciência ingênua" de mundo.

Guerreiro define a consciência crítica como uma capacidade mental de apreender os objetos e processos que organizam o mundo de forma a evidenciar suas determinações. Em outras palavras, enquanto uma consciência ingênua seria uma simples tradução passiva de impressões externas, a consciência crítica implicaria uma atitude projetiva, capaz de inquirir esses objetos e processos e revelar sua historicidade e sua contingência. Só essa forma de consciência permitiria a um indivíduo se tornar efetivamente uma pessoa, isto é, um sujeito livre capaz de agir no mundo e não apenas um ser condicionado de forma passiva pela natureza ou pelos objetos que o cerca.

Essa distinção é aplicada pelo autor para entender as mudanças que estavam sendo promovidas nas regiões periféricas do mundo por parte de povos que lutavam contra o colonialismo e que, portanto, se tornavam povos "históricos", coletividades autônomas capazes de elaborar uma ideia comum de destino nacional. O melhor exemplo da emergência da consciência crítica em coletividades sociais seria o surgimento da luta anticolonial na África e na Ásia, que, na visão de Guerreiro, representaria a afirmação de um povo contra um sistema que lhe constrangia por meio de uma luta que apontava para um projeto mais elevado de realização humana.

O Brasil, segundo o autor, estaria se integrando a esse momento histórico de afirmação coletiva dos povos periféricos, e Guerreiro elenca três fatores que explicariam o surgimento da consciência crítica entre nós: a industrialização, a urbanização e as alterações experimentadas no consumo popular, que estariam contribuindo para o surgimento de uma atitude projetiva entre os brasileiros, agora agregados em cidades e inseridos em uma divisão do trabalho mais sofisticada, que demandaria de todos uma atitude menos passiva e mais organizada diante do mundo e dos seus objetos.

Essa contextualização permite ao autor apresentar a definição do que entende por redução: "[...] consiste na eliminação de tudo aquilo que, pelo seu caráter acessório e secundário, perturba o esforço de compreensão e a obtenção do essencial de um dado" (Ramos, [1958] 1996, p. 71). No caso da sociologia, essa orientação tem como base uma atitude metódica que tenta depurar os fatos sociais em busca de seus elementos fundamentais, evidenciando de forma crítica os valores e os pressupostos culturais que formariam os objetos e as construções da vida social.

Guerreiro define a redução a partir de um conjunto de ideias oriundas da chamada fenomenologia, particularmente da obra de pensadores como Edmund Husserl e Martin Heidegger. Seguindo Husserl, o sociólogo baiano argumenta que toda consciência é intencional, isto é, orienta-se para um dado objeto, o que faz ser necessário ao filósofo empreender uma redução de modo a encontrar as estruturas puras da consciência, seus atos e formas. Inspirado em Heidegger, Guerreiro argumenta que a consciência se realiza na história e num mundo dotado de significação humana. Assim, seria fundamental entender a realidade não como uma coleção isolada de fatos, mas como um mundo constituído pelas experiências culturais e coletivas dos sujeitos, que emprestam significado às coisas e permitem o seu uso.

No caso da sociologia, Guerreiro identifica na obra de vários predecessores a existência de uma atitude similar, mencionando nomes como

Karl Marx, Georges Gurvitch, Karl Mannheim e Hans Freyer. Estes dois últimos autores, em especial, teriam realizado uma sociologia da sociologia, evidenciando como a cultura condiciona a produção de conceitos e teorias, pois tais construções seriam sempre vinculadas a sistemas de referência particulares, e não supostamente abstratos e neutros.

Mas qual o impacto disso na sociologia? Um bom exemplo dado pelo próprio autor é o caso do conceito de "controle social".

Guerreiro argumenta que o conceito de "controle social" surgiu na sociologia norte-americana como um sinal de inquietação com os problemas de integração social em cidades que se urbanizavam de modo veloz e que conviviam com levas de imigrantes de diferentes nacionalidades. Nesse caso, o uso do conceito de "controle social" seria adequado, traduzindo uma atitude intelectual orientada para a transformação da sociologia em uma ciência da organização pragmática de uma sociedade moderna. Mas o uso de tal conceito por parte de sociólogos brasileiros evidenciaria uma atitude ingênua e imitativa, pois, no Brasil, o processo de modernização não demandava técnicas de "controle social".

Guerreiro efetua, portanto, uma "redução sociológica" do conceito de controle social em duas dimensões: a) ele analisa o conceito a partir de suas determinações culturais e políticas mais amplas, relacionando-o a um quadro de referências da sociedade norte-americana; b) ele critica a transposição ingênua desse conceito para o mundo social brasileiro, em que outro sistema de referências, este orientando para o desenvolvimento, mostraria-se necessário.

Após estabelecer os fundamentos filosóficos e conceituais da redução, Guerreiro enumera as suas principais "leis". São elas: a) lei do comprometimento; b) lei do caráter subsidiário da produção científica estrangeira; c) lei da universalidade dos enunciados gerais da ciência; d) lei das fases.

A primeira lei refere-se a uma necessária atitude de comprometimento dos sociólogos periféricos com a transformação social como condição para a efetivação da redução.[9] Guerreiro considera que todo conhecimento é situado, isto é, produzido a partir das experiências e dos en-

---

9. Entre as décadas de 1950 e 1970, o conceito de "comprometimento" (em espanhol, *compromiso*) teve ampla circulação entre intelectuais latino-americanos, como forma de designar o engajamento com a transformação radical de suas sociedades (cf. Gilman, 2003).

raizamentos dos cientistas, pois não haveria um eu a-histórico e abstrato. Dado esse pressuposto, torna-se fundamental que os sociólogos localizados nas regiões subdesenvolvidas assumam como sua tarefa a superação desse subdesenvolvimento e a realização plena de seus povos. Só por meio desse comprometimento seria possível a operação redutora, que não poderia ser um simples exercício intelectual desprovido de imperativo ético-político.

A segunda lei, intitulada "lei do caráter subsidiário da produção científica estrangeira", é justificada por Guerreiro à luz de sua leitura sociológica da fenomenologia. Guerreiro argumenta que os conceitos e sistemas criados pelos sociólogos são sempre resultados de processos coletivos que visam à solução de problemas ou questões próprias das sociedades nacionais em que esses sociólogos vivem. Por exemplo, o conceito de Estado tal como delineado na sociologia alemã seria dotado de um sentido próprio àquela comunidade histórica, o que tornaria problemático o seu uso irrestrito em quaisquer outros contextos. Em países coloniais, seria comum que os sociólogos escolhessem conceitos e temas de maneira individual e aleatória, motivados por tendências intelectuais passageiras ou pelo simples desejo de estarem afinados com o que entendiam ser o mais prestigioso. A redução sociológica só seria possível quando os cientistas sociais nesses países fossem motivados por desejos e demandas da comunidade nacional na qual estavam inseridos, enraizando seus atos de conhecimento em experiências concretas, o que daria à produção científica estrangeira um caráter subsidiário, nunca dominante.

A terceira lei, nomeada "lei da universalidade dos enunciados gerais da ciência", refere-se ao fato de que a ciência teria um núcleo de formulações gerais válidas universalmente. Guerreiro argumenta que, a despeito de existirem sociologias nacionais, o raciocínio sociológico seguiria alguns princípios comuns que se tornaram patrimônio coletivo dos homens. Segundo o autor, é possível identificar dois sentidos para essa universalidade da ciência: a) um primeiro, referido ao fato de os povos não viverem de forma isolada ou compartimentada, o que implica reconhecer que as inovações se disseminam por diferentes regiões do planeta, tornando-se parte de um patrimônio coletivo dos homens; b) um segundo, mais propriamente cognitivo, que se relaciona à existência de um campo semântico comum partilhado pelos cientistas sociais de vários países diferentes, exemplificado por um conjunto de achados científicos já bem estabelecidos como verdadeiros. Entretanto, reconhecer esse núcleo de formulações universais não significaria negar que os sociólogos lidam com problemas e agendas de pesquisa que são produzidos na situação nacional em que estão inseridos. Ou seja, a sociologia seria nacional (e, portanto, "particular") em sua funcionalidade, e não no nível de seus enunciados básicos.

A última lei mencionada por Guerreiro é a "lei das fases". Segundo o autor, os acontecimentos ocorridos em uma dada sociedade não seriam aleatórios nem poderiam ser explicados individualmente, pois seriam elementos de uma totalidade dotada de sentido. Assim, o sociólogo não deveria se limitar a buscar causas de fenômenos empíricos isolados, devendo antes os relacionar ao sentido histórico que organizaria as experiências de uma dada comunidade nacional. Por exemplo, os problemas das cidades no Brasil não deveriam ser analisados à luz de uma teoria geral das causas do fenômeno urbano, mas sim articulados ao problema geral da autodeterminação nacional, questão-chave vivenciada pelo país naquele contexto histórico específico. Guerreiro localiza a emergência dessa razão sociológica nas obras de Hegel e Marx, que teriam seus desdobramentos nas teorias de Alfred Weber e Karl Mannheim. A importância dessa lei para a redução sociológica reside na possibilidade de o cientista atribuir sentido aos acontecimentos que observa, buscando identificar a fase histórica de sua sociedade a partir de uma comparação efetuada *a posteriori* com outras sociedades humanas. Não se trata, portanto, de postular uma sequência pré-determinada de etapas evolutivas, mas de reconhecer as diferenças nacionais a partir do seu estudo comparativo.

Posteriormente, no prefácio à segunda edição do livro, Guerreiro ampliou o significado de "redução", identificando três dimensões: a) redução como "método de assimilação crítica da produção sociológica estrangeira" (Ramos, 1996, p. 11); b) redução como atitude de superação dos condicionamentos que impedem o indivíduo de se afirmar de modo livre e autônomo (atitude "parentética"); c) redução como "superação da sociologia nos termos institucionais e universitários em que se encontra" (Ramos, 1996, p. 11).

Como se vê, em *A redução sociológica* Guerreiro avançou consideravelmente na elaboração de sua sociologia periférica, transformando suas críticas à mentalidade colonial dos intelectuais brasileiros em um conjunto de operações lógicas que visavam fundamentar um método para produção de conhecimento em sociedades subdesenvolvidas. Note-se também que a defesa feita por Guerreiro do caráter contextual e nacional dos problemas sociológicos não implica a negação da universalidade básica dos elementos centrais da razão sociológica, que seriam partilhados globalmente. Isso lhe permite evitar um particularismo excessivo que culminaria na negação da própria possibilidade de considerar a ciência como um empreendimento humano coletivo.

Sétima Lição

A sociologia política de Guerreiro

No começo da década de 1960, Guerreiro estava profundamente envolvido com os debates políticos brasileiros. Após deixar o Iseb em 1958, buscou traduzir seu projeto de uma sociologia periférica e nacional em um compromisso político nacionalista e progressista, o que o levou a atuar junto a setores mais radicais do PTB. Nesta lição, iremos explorar como esse itinerário permitiu a Guerreiro articular os conceitos de "poder", "nacionalismo" e "ideologia", vetores fundamentais de sua sociologia política. Dois livros são fundamentais para o entendimento desses conceitos: *O problema nacional do Brasil* (1960) e *A crise do poder no Brasil* (1961)[10], que reúnem textos originais, transcri-

---

10. Como esses livros são uma espécie de coletânea de escritos de diferentes origens, e não propriamente capítulos de uma obra coesa, optei por referenciar os textos de forma individual, sempre que for necessário.

ções de conferências e aulas em diferentes instituições e reedições de publicações anteriores do autor em revistas e jornais. Nesta lição, concentro-me no primeiro deles.

Comecemos pelo modo como Guerreiro entende "poder". Em "Condições sociais do poder nacional" (1960a), texto escolhido para abrir *O problema nacional do Brasil*, o sociólogo baiano parte da teorização clássica de Max Weber sobre o conceito de "poder", entendido como a capacidade de impor uma vontade sobre outros, para fazer uma análise histórica das relações entre Estado e sociedade num país colonial e periférico como o Brasil.

O conceito básico que orienta a análise histórica efetuada por Guerreiro nesse texto é o de "complementariedade", que designa o fenômeno da dependência, o qual teria condicionado a construção do território colonial brasileiro. Integrado de modo subordinado à divisão internacional do trabalho e tendo sua economia moldada por demandas e interesses externos, o Brasil seria um caso em que o poder estatal teria se constituído como um instrumento das classes dirigentes para formar, de cima para baixo, um país "sem povo". Essa constatação de que a vida política brasileira ao longo do Império e em parte da República teria se dado a partir da ação de elites, sem que houvesse uma mediação com uma "sociedade" organizada, repete-se em vários textos do autor no período.

Segundo Guerreiro, os anos de 1950 e 1960 seriam marcados pela emergência do povo na História, o que permitiria então a identificação de uma sociedade nacional que buscava dirigir o processo de desenvolvimento nacional. Esse processo implicava a possibilidade de finalmente tornar a ideia de "nação" algo concreto, e não uma mera ficção das classes dominantes. Guerreiro define essa ideia de nação a partir da transformação de um território em uma forma nacional dotada de consciência histórica, isto é, em um agrupamento de indivíduos capazes de projetar um destino comum. Como já vimos, a filosofia existencialista de corte cristão foi central na formação intelectual de Guerreiro, levando-o a uma crença perene na necessidade de combater a desumanização e a objetificação dos homens por meio da construção de uma personalidade afirmativa, capaz de se engajar de forma crítica com o mundo e projetar seu futuro. No caso desses textos da década de 1960, Guerreiro está traduzindo essa leitura existencialista para o âmbito coletivo, o que explica sua afirmação de que o "povo não existia" na História do Brasil.

A ideologia política que dotaria tal processo de sentido seria o *nacionalismo*, entendido não como mero amor à terra, mas como "projeto de elevar uma comunidade à apropriação total de si mesma" (Ramos, 1960a, p. 32), isto é, um movimento pelo qual os brasileiros seriam capazes de se reconhecerem como integrantes de um processo histórico específico e como agentes de um futuro imaginado. Novamente, temos a reiteração de uma perspectiva filosófica que localiza, na produção de uma consciência nacional, o elemento central para consolidar a "criação do povo" como uma subjetividade coletiva autorreferida.

Esse nacionalismo é descrito com mais clareza e objetividade no texto "Princípios do povo brasileiro", originalmente uma conferência ministrada em 1959. Vale destacar a frase que abre esse escrito: "O nacionalismo é a ideologia dos povos que, na presente época, lutam para libertar-se da condição colonial" (Ramos, 1960b, p. 225). A partir dessa afirmação, Guerreiro argumenta que o nacionalismo dos povos periféricos seria um meio para a realização mais plena de sua universalidade, e não um fim em si mesmo. Ou seja, enquanto o nacionalismo dos povos dominantes poderia ser visto como um mecanismo xenófobo de dominação, no caso dos povos periféricos e anticoloniais tal ideologia estaria orientada para a superação de obstáculos que impediam sua realização como coletividades históricas.

No caso brasileiro, o nacionalismo estaria associado à emergência do povo, fenômeno que estaria ocorrendo nas décadas de 1950 e 1960, por meio do processo de construção de um mercado interno. Note-se que a visão nacionalista de Guerreiro se espraia pela economia, pela política e pela cultura. Assim, considera que os debates econômicos deveriam estar modelados pelo imperativo do desenvolvimento nacional, e não por cálculos técnicos e burocráticos, do mesmo modo que o sistema político não poderia se autonomizar em relação à sociedade, o que o levou a criticar o tecnicismo e o elitismo das lideranças nacionalistas de seu tempo. Finalmente, o nacionalismo popular de Guerreiro se articula a sua visão de cultura, entendida como uma criação coletiva do povo, que ganharia estilização e forma pelas mãos dos intelectuais. Porém, dada a situação colonial que teria moldado essa camada intelectual no Brasil e a dinâmica de transplantação que deu origem às instituições culturais no país, só nos meios populares seria possível identificar autênticas e criativas expressões culturais brasileiras.

Assim, Guerreiro não vê a cultura brasileira como uma substância já formada a ser "defendida" das influências externas, mas sim o resultado de um processo de construção coletiva de corte nacional-popular. Vejamos nas palavras do autor:

> A elaboração da cultura nacional no Brasil é, no plano do espírito, o correlato do trabalho coletivo mediante o qual se realiza a substituição de importações e se instala um sistema de produção destinado a atender à demanda interna de bens e produtos (Ramos, 1960b, p. 243).

Essa visão guerreiriana da cultura brasileira não era isolada, pois se relacionava com um ambiente político-intelectual marcado pela ascensão das ideias do Iseb e de atores (sindicatos, estudantes, intelectuais) identificados com discursos políticos e estéticos alinhados com o anti-imperialismo e a promoção de uma cultura brasileira em moldes "revolucionários". Como mostrou Marcelo Ridenti (2000), parte significativa dessas narrativas via a brasilidade como um horizonte a ser alcançado por meio da luta nacionalista e da valorização de elementos autênticos da sociedade brasileira, como os camponeses e trabalhadores rurais. Porém, a formulação de Guerreiro tem nuances, já que ele não partilha da sensibilidade "romântica" mencionada por Ridenti e se orienta decididamente para um futuro a ser modelado pela ação coletiva.

Nas passagens finais do texto, Guerreiro analisa o nacionalismo como uma forma de ciência periférica, o que não deixa de ser algo surpreendente. Segundo ele, o nacionalismo seria uma espécie de ponto de vista de povos proletários, que, por sua condição histórica e sua orientação anticolonial, aspiram a um futuro mais pleno, o que dotaria suas práticas e agendas de sentido universal. Tais povos, por sua orientação para o futuro e sua inquietação constante, teriam melhores condições para questionar as verdades e os fatos do presente, tornando-se, portanto, mais aptos a incarnar o espírito científico da época. Nesse sentido, o nacionalismo periférico seria "demiúrgico", capaz de realizar novas formas de universalidade que seriam plenamente humanas.

Nesse trecho, Guerreiro está mobilizando de forma sintética uma discussão clássica da sociologia do conhecimento de inspiração marxista, que sustentava que o proletariado, por estar situado no eixo principal das contradições do sistema capitalista, poderia analisar melhor tais contradições e promover sua superação, integrando um ponto de vista particular a um horizonte universal, capaz de libertar toda a humanidade. No caso de Guerreiro, essa visão é traduzida para a ideia de "povos proletários" (conceito de Pierre Moussa) e transformada numa justificativa para a identificação entre nacionalismo anticolonial e "ciência".

É fundamental perceber que tais ideias, embora possam soar exageradas hoje em dia, eram moeda corrente entre intelectuais e ativistas do Terceiro Mundo no início da década de 1960, em especial pelo contexto da descolonização na África e na Ásia. A dialética entre particular e universal, por exemplo, está presente nas principais obras de Frantz Fanon e Aimé Césaire, e a concepção dos povos periféricos como portadores de uma nova universalidade potencialmente revolucionária também se encontraria em Fanon (Motta, 2010).

Além de científico, o nacionalismo periférico é também uma *ideologia*. Mas como Guerreiro entende esse conceito? Em seu texto "Ideologias e segurança nacional", originalmente uma conferência apresentada na Escola Superior de Guerra, é possível entender o percurso desse conceito no pensamento guerreiriano (Ramos, 1960c). Novamente recorrendo à sociologia do conhecimento, Guerreiro argumenta que ideologias são expressões do condicionamento histórico e social do pensamento dos grupos humanos, ou seja, trata-se não de uma patologia ou um problema, mas de um fator que é impossível eliminar da vida em sociedade. Em seguida, sugere que se analise o valor de uma ideologia em relação à sua funcionalidade, isto é, em função dos papéis que ela cumpre em dada circunstância histórica. Isso lhe permite argumentar que, no caso brasileiro, a segurança nacional deve ser pensada a partir da ideologia mais adequada a promover a autodeterminação nacional – a "revolução industrial em processo" (Ramos, 1960c, p. 61), que seria o vetor fundamental de afirmação do capitalismo brasileiro (Bariani Jr., 2008).

Assim, Guerreiro sustenta que a doutrina de segurança nacional deveria se orientar pela anulação de todas as pressões, externas ou internas, que debilitavam o capitalismo brasileiro, e, no plano externo, pela busca das melhores oportunidades internacionais para promover a superação da semicolonialidade brasileira e o desenvolvimento nacional. Em termos mais específicos, Guerreiro defende uma estratégia de aproximação com a América Latina e, eventualmente, com países que partilhassem condições históricas similares.

Essa leitura do conceito de ideologia ganha mais detalhamento no texto "O controle ideológico da programação econômica" (Ramos,

1960d), em que Guerreiro analisa os esforços de planejamento econômico postos em marcha pelo governo de JK e produz uma interpretação sociológica do papel da ideologia nacionalista na construção de tal forma de "programação". A princípio, Guerreiro apresenta a emergência do desenvolvimento como um projeto que desperta participação e interesse das massas, revestindo-se de uma natureza propriamente política. O autor considera que o surgimento de uma teoria de tal planejamento reflete o novo *status* desse processo e sua importância geral. Em seguida, discute o conceito de excedente de produção, apresentando um dilema fundamental, que diz respeito ao destino de tal excedente. Segundo Guerreiro, o controle do planejamento não deveria ser tecnocrático, mas um processo animado pela política e pelo engajamento das massas. O imperativo fundamental para dar sentido a tal planejamento seria o desenvolvimento nacional, e Guerreiro sublinha o adjetivo "nacional", pois não se trataria de qualquer forma de desenvolvimento, mas de um processo condicionado pelas particularidades de um povo e de seu projeto, o que, no caso brasileiro, implicaria diminuir a vulnerabilidade externa e ampliar a política de substituição de importações. Por esse motivo, Guerreiro critica economistas que pensariam o problema de modo contábil, pois, no seu entendimento, o desenvolvimento seria um projeto político orientado por uma ideologia nacionalista.

A partir desse imperativo, Guerreiro analisa diversas medidas econômicas passíveis de serem tomadas no Brasil e sistematiza sua visão sobre a centralidade da vontade política nacional como definidora dos rumos gerais do processo. Note-se que o nacionalismo guerreiriano difere do desenvolvimentismo de corte tecnocrático que era comum nas décadas de 1950 e 1960 e que atribuía imenso poder aos técnicos enquanto desconfiava das capacidades políticas dos cidadãos. Guerreiro é explícito ao dizer que os técnicos fazem parte da comunidade nacional e que seus conhecimentos devem ser integrados a um debate mais amplo sobre a formação das massas como coletividade nacional. Trata-se, portanto, de um nacionalismo de corte popular.

Como se vê, a sociologia política de Guerreiro se apropria dos conceitos clássicos de "poder", "nacionalismo" e "ideologia" a partir da mesma perspectiva *periférica*, *criativa* e *aplicada* que marcou seu projeto de redução sociológica. Mesmo seus escritos mais propriamente conjunturais, destinados à intervenção numa dada realidade política de seu tempo, estavam alinhados à sua visão de sociologia.

Oitava Lição

Revolução e os dilemas da organização

Em 1963, Guerreiro Ramos lançou um polêmico livro pela prestigiosa Editores Zahar (posteriormente Jorge Zahar), intitulado *Mito e verdade da revolução brasileira* (Ramos, 1963), doravante nomeado como MVRB. Espécie de síntese de sua teorização sociológica periférica e de seu engajamento com o nacionalismo e o trabalhismo, essa obra explica-se também pelos embates travados pelo seu autor com os setores de esquerda organizados pelo Partido Comunista Brasileiro ou PCB (Motta, 2010). Nesta lição, iremos analisar como Guerreiro opera a redução sociológica para efetuar uma crítica ao marxismo-leninismo e como articula sua teorização sobre os conceitos de "revolução", "organização" e "homem parentético".

A obra tem sete capítulos e dois apêndices (um dedicado a uma severa crítica de *Consciência e realidade nacional*, de Álvaro Vieira Pinto, e outro contendo uma resolução escrita pelo autor a pedido do PTB, que esclarece a posição dos trabalhistas em face do marxismo como corrente política). Ao longo dos capítulos, Guerreiro passa em revista as concepções teóricas originais de Marx e Lênin sobre o problema revolucionário e a natureza da organização partidária, empreende análise histórica das controvérsias que proliferavam no seio do mundo socialista após a "desestalinização"[11], expõe sua visão sobre o que entende por "revisionismo", analisa os impactos do fenômeno da organização sobre as sociedades modernas e faz breve diagnóstico sobre as possibilidades de uma revolução nacional brasileira. Embora seja um texto dotado de forte carga política, é possível dizer que MVRB situa-se em continuidade com o projeto de uma sociologia *periférica*, *aplicada* e *criativa*, em especial no que se refere ao modo como Guerreiro dialoga com as diferentes tradições marxistas, que situaram o problema da revolução como central no pensamento moderno.

---

11. Em 1956, o mundo socialista foi chocado pelas revelações feitas pelo líder soviético Kruschev a respeito dos crimes de Stálin, feitas em discurso no XX Congresso do Partido Comunista da União Soviética (PCUS), realizado em fevereiro daquele ano e tornado público nos meses seguintes. Tal evento ensejou uma série de efeitos, entre os quais uma profunda revisão político-intelectual entre vários setores próximos do movimento comunista internacional.

Há uma ideia principal percorrendo todos esses capítulos, e que é mais explicitamente articulada nos dois primeiros: Guerreiro considera que o socialismo teria se tornado uma espécie de processo civilizatório mundial, ganhando configurações contemporâneas e escapando às formulações originais dos seus teóricos, o que implicaria questionar os juízos e as interpretações estabelecidas por aparatos partidários ainda fiéis à pureza doutrinária de Marx, Engels e Lênin. É possível verificar esse movimento intelectual de Guerreiro no âmbito de sua discussão sobre o conceito de revolução.

Guerreiro inicia sua obra buscando definir sociologicamente um conceito de revolução, que considera estar ausente do debate intelectual de sua época, ainda marcado por visões conservadoras e/ou impressionistas sobre o tema. Após passar em revista as formulações de revolucionários e teóricos de diferentes orientações ideológicas e tempos históricos, o sociólogo propõe a seguinte definição:

> [...] revolução é o movimento, subjetivo e objetivo, em que uma classe ou coalizão de classes, em nome dos interesses gerais, segundo as possibilidades concretas de cada momento, modifica ou suprime a situação presente, determinando mudança de atitude no

exercício do poder pelos atuais titulares e/ou impondo o advento de novos mandatários (Ramos, 1963, p. 30).

Guerreiro considera que essa definição abriga elementos subjetivos, que se referem aos mecanismos de formação da vontade política transformadora, e a dimensões estruturais e objetivas, relacionadas aos condicionamentos econômicos e materiais que moldariam as possibilidades e os limites da ação coletiva humana. O autor também considera que sua conceituação permitiria entender a interação dialética entre as dimensões subjetiva e objetiva, retomando o conceito de *práxis* tal como trabalhado na filosofia marxista.

Embora o débito de Guerreiro com o marxismo seja evidente no modo como entende conceitualmente "revolução", ele não demora a apresentar suas críticas, baseadas no diagnóstico da transformação do socialismo em um movimento global descentrado, que teria implicado a "nacionalização" de ideias marxistas e a progressiva superação do marxismo-leninismo como doutrina soviética. Por exemplo, Guerreiro considera que o peso do fator econômico na constituição dos processos revolucionários não faria mais sentido nos tempos atuais, e o fator subjetivo ganharia maior ressonância. Isso se explicaria pela mundialização da civilização e pela expansão da racionalidade em diferentes quadrantes, permitindo que o socialismo se transformasse em uma espécie de forma comum universal, objetivo estratégico passível de ser atingido de diferentes maneiras por povos que se tornavam "coletividades históricas" mesmo partindo de condições muito diversas.

Guerreiro acreditava ser fundamental superar uma concepção da revolução derivada de um modelo decalcado na experiência russa ou diretamente derivada das hipóteses originárias de Marx sobre o processo histórico em sua época. Essa superação implica conceituar a revolução a partir de sua realidade contemporânea e suas expressões periféricas, abandonando uma concepção doutrinária e aferrada ao que Marx "realmente dizia".

É no capítulo II de MVRB que fica mais evidente o revisionismo teórico de Guerreiro. Após discorrer sobre a natureza das revoluções socialistas do século XX, que teriam se realizado contrariamente a alguns dos dogmas centrais do marxismo-leninismo, Guerreiro enumera algumas de suas principais conclusões analíticas: a) o fim da crença na revolução mundial e simultânea, dado o triunfo de diferentes revoluções socialistas, que se consolidaram em ambientes nacionais específicos e seguiram trajetórias próprias; b) a dimensão periférica das revoluções socialistas, o que evidencia o quanto elas se tornaram estratégias de modernização em países originalmente colonizados; c) a transformação no significado de "socialismo", ideia que agora se basearia principalmente na consolidação da propriedade estatal da economia, fator não bem compreendido pelos teóricos do marxismo ocidental. Nas palavras de Guerreiro: "O socialismo hoje é menos doutrina do que processo mundial em marcha, que se realiza de modo multifário e muitas vezes rebelde aos esquemas teóricos, por isso mesmo que condicionado por uma cadeia infinita de circunstâncias" (Ramos, 1963, p. 73-74).

Nos capítulos subsequentes, Guerreiro dedica-se a criticar a transformação do marxismo em um sistema doutrinário fechado – o marxismo-leninismo ou marxismo ortodoxo – e sua corporificação em um conjunto de aparelhos partidários e organizações que induziriam o conformismo mental, a massificação e o comando autoritário. Dialogando com autores tão diversos como Rosa Luxemburgo e Karl Kautsky, Guerreiro empreende vigorosa defesa do que entende ser um necessário revisionismo, categoria que é despida de sua conotação negativa e acionada como peça-chave de uma atitude crítica e reflexiva que iria progressivamente superar o marxismo como corpo doutrinário, incorporando parte de suas sugestões teóricas no acervo maior das modernas ciências sociais.

O capítulo VII encerra uma advertência aos revolucionários brasileiros. A despeito de Guerreiro considerar que a situação política brasileira se caracterizaria pelo esfacelamento do centro de poder no Brasil e pelo crescimento do ativismo, havia ainda uma carência de elementos subjetivos coordenados para uma real revolução. Atribui a incapacidade das elites dirigentes ao apego destas a esquemas analíticos importados ou doutrinários, pouco atentos às reais condições objetivas da sociedade brasileira e imbuídos de um utopismo perigoso.

Um capítulo que faz a ponte entre o Guerreiro pré-1964 e o teórico da administração cuja produção irá florescer nos anos seguintes, em especial no seu período norte-americano, é o VI, dedicado ao "homem parentético". Nessa seção, o autor analisa a consolidação da organização como fenômeno básico da vida moderna, que implicaria o predomínio da ação instrumental e a racionalização de condutas por meio de coletividades como empresas, Estados e partidos revolucionários. Guerreiro considera que a imaginação sociológica deveria estar aliada a uma atitude parentética, isto, é, que apontasse as condições para a desalienação humana e a superação dos condicionamentos burocráticos produzidos por organizações que acentuavam a dimensão patológica da modernidade. Embora o capítulo funcione como uma crítica aos partidos comunistas como supostos oráculos da revolução e máquinas de imposição ideológica, o texto pode ser lido mais amplamente como um primeiro esforço na articulação de uma teoria crítica das organizações modernas.

Note-se que o debate sobre organizações já estava contido num dos capítulos de seu livro *A crise do poder no Brasil*, lançado alguns anos antes, em 1961, mas com perspectiva distinta. Esse livro contém um longo ensaio intitulado "Panorama político do Brasil contemporâneo" (Ramos, 1961), em que Guerreiro parte de uma análise de conjuntura dedicada às eleições presidenciais que levaram Jânio Quadros ao poder para construir uma sociologia política da relação entre Estado e sociedade no país.

No texto, Guerreiro sustenta a hipótese de que a eleição de Jânio sinalizaria uma crise da representação no país, pois os partidos não seriam mais capazes de representar adequadamente a vida social brasileira, o que demandava uma reforma das formas de organização que fosse capaz de traduzir o fato novo da vida brasileira – a emergência do povo.

Para subsidiar essa hipótese, Guerreiro apresenta uma história política da formação do Brasil, argumentando que parte significativa da política durante o Império e parte da República teria sido baseada na circulação de elites, sem necessariamente a representação adequada da sociedade, então praticamente inexistente. Fiel ao seu conceito de "fases", Guerreiro constitui cinco tipologias de formas políticas que teriam marcado a sociedade brasileira ao longo desse processo: política de clãs, política de oligarquias, política populista, política dos grupos de pressão e política ideológica. Esses "tipos ideais", para usar a terminologia de Max Weber, representariam uma espécie de evolução da política brasileira, que teria passado de formas de conflito baseadas nas lealdades familiares e parentais a antagonismos modernos entre classes e categorias sociais orientadas por projetos e visões de mundo diferentes.

Ora, e quais seriam os atores fundamentais nessa nova fase de organização política? Guerreiro apresenta a noção de "política de quadros" para designar um contexto no qual a dominação exercida por elites tradicionais não mais se mostraria pertinente. Guerreiro argumenta que *quadros* seriam figuras formadas no âmbito das novas organizações partidárias e treinadas em funções específicas para representar os interesses dos grupos sociais aos quais estariam vinculados.

No caso das agremiações partidárias modernas, os quadros teriam as seguintes funções: a) produzir conhecimento objetivo sobre os fatos da vida política; b) educar as massas a respeito da natureza do processo social; c) dotar o partido de ação política sistemática e programada; d) permitir a superação da economia política pela política econômica, priorizando o papel das decisões políticas em detrimento da lógica técnico-burocrática. Nessa passagem, Guerreiro constrói sua teoria a partir da leitura de diferentes autores marxistas, como Lukács e Lênin, e sua visão da organização partidária como uma escola formativa de novas lideranças remete à visão de Antonio Gramsci do partido como ator coletivo moderno.

Como se vê, enquanto nesse texto de 1960 a análise das organizações e dos seus quadros era mais positiva, sendo associada a uma nova fase ideológica da vida brasileira, em 1963, no auge de seus enfrentamentos com setores do PCB, Guerreiro já vê o tema sob prisma mais propriamente crítico, associando-o a dilemas mais amplos da modernidade tardia.

Finalmente, é interessante notar como MVRB situa-se numa curiosa interseção do pensamento social. Por um lado, é tributário das lutas anticoloniais das décadas de 1950 e 1960 e das formulações teóricas nacionalistas e periféricas que questionaram o marxismo ocidental e afirmaram as especificidades dos caminhos africano e asiático para o socialismo. Por outro, situa-se em linha com um dos temas principais da Escola de Frankfurt, uma das principais vertentes do marxismo ocidental: a tensão entre os imperativos sistêmicos e a liberdade humana, ou entre alienação e emancipação. Essa visão não era propriamente singular, pois muitos dos nomes associados à descolonização também buscaram refletir sobre as tensões modernas que impediriam a humanização dos povos colonizados (pode-se mencionar Aimé Césaire). Porém, não foram muitos os que levaram essa reflexão a patamar tão sofisticado no campo da teoria das organizações. Vejamos na próxima lição como Guerreiro articula esse caminho peculiar.

Nona Lição

A SOCIOLOGIA COMO CIÊNCIA CRÍTICA DAS ORGANIZAÇÕES

O sonho da revolução brasileira foi encerrado com o golpe de 1964. Guerreiro perdeu seu mandato como parlamentar pelo PTB e passou a ver suas possibilidades de participação política e intelectual cerceadas, encontrando refúgio temporário na FGV, onde elabora o trabalho *Administração e estratégia do desenvolvimento: elementos de uma sociologia especial da administração* (Ramos, 1966), valendo-se de subsídio da Fundação Ford e do apoio pessoal de Simão Lopes, então presidente da FGV. Pouco tempo depois, iria se exilar nos Estados Unidos, obtendo uma posição na University of Southern California, onde enfim encontraria a estabilidade profissional que permitiria a publicação de sua última grande obra, *A nova ciência das organizações* (Ramos, 1981).

Ao longo desse longo período, Guerreiro dedicou-se a repensar a sociologia da administração, debruçando-se também sobre temas correlatos, como as teorias dos processos modernizadores, em especial da perspectiva dos problemas das sociedades tidas como subdesenvolvidas. Nesse último ciclo da produção guerreiriana, preocupações filosóficas que acompanhavam o sociólogo baiano desde a juventude retornam, particularmente, a tensão entre modernidade e personalidade humana e os próprios fundamentos teóricos e explicativos das ciências humanas[12]. Nesta lição, iremos explorar dois grandes eixos desse período intelectual do nosso autor: a) seus diálogos críticos com a teoria da modernização, que o levaram a questionar o eurocentrismo de parte significativa dessa literatura; b) sua teoria das delimitações dos sistemas sociais, que dialoga diretamente com sua concepção de ciência social e o conceito de "homem parentético", introduzido na lição anterior. O cerne dessa reflexão é a tensão entre a alienação produzida pelas exigências dos sistemas administrativos e de mercado e a luta por humanização e personalização, tema que mobilizava o autor desde sua juventude.

---

12. É rico o debate a respeito dos nexos e das descontinuidades entre as diferentes fases do pensamento de Guerreiro. A melhor referência ainda é a tese de Ariston Azevêdo (2006).

No que se refere ao diálogo do autor com as teorias da modernização, tanto o livro publicado em 1966 como um artigo do ano seguinte, intitulado "A modernização em nova perspectiva: em busca do modelo de possibilidade" (Ramos, 1967), constituem ótimas fontes para análise. Em *Administração e estratégia do desenvolvimento*, Guerreiro argumenta que parte significativa da literatura dedicada a explicar por que e como algumas sociedades se modernizam falhava ao supor que determinados elementos empíricos encontrados em alguns trajetos históricos poderiam ser convertidos em variáveis abstratas que supostamente deveriam se combinar em todos os processos modernizadores. Na linguagem da sociologia dos anos de 1960, tratava-se do que se entendia como "pré-requisitos", isto é, fatores que se articulavam positivamente para explicar o sucesso ou o fracasso de qualquer modernização. Por exemplo, "secularismo" e "nível educacional" poderiam ser entendidos como pré-requisitos para uma bem-sucedida estratégia modernizadora.

Mobilizando autores como Wright Mills, Albert Hirschman e Alexander Gerchenkron, Ramos argumenta que tal perspectiva era falha por ignorar que alguns desses elementos, caso impostos como "exigências para a modernização", poderiam gerar efeitos negativos nos sistemas sociais de países periféricos, ao ferirem sua integridade estrutural. Além disso, nas sociedades "retardatárias", outros elementos, talvez não previstos, poderiam substituir alguns desses pré-requisitos de maneira positiva. Finalmente, importa ressaltar que a modernização no mundo periférico era, em muitos casos, um projeto político orientado por estratégias criativas, e não o simples desdobramento de lógicas sociais autônomas.

A análise que Guerreiro faz do fenômeno do formalismo é exemplar desse procedimento de redução sociológica das teorias sobre modernização. Esse conceito designaria, segundo Fred Riggs, uma discrepância entre as normas vigentes num sistema social e a conduta real dos agentes, o que teria evidente sentido negativo, traduzindo uma atitude pouco racionalizada. Porém, Guerreiro argumenta que em sociedades *prismáticas*, marcadas pela ausência de integração homogênea e pela convivência entre orientações sociais e culturais diversas e polifônicas, o formalismo deveria ser pensado de outro modo, pois operaria como elemento de adaptação.

Por exemplo, muitos setores sociais marginalizados no Brasil adotariam formalmente comportamentos e códigos de etiqueta de outras classes como mecanismos de acomodação num sistema excludente. A convivência entre duas éticas de vida preservaria a psicologia desses grupos de um processo de integração que poderia ser por demais traumático. É de modo similar que Guerreiro analisa o "jeitinho", tido por ele como uma estratégia criativa que revelaria as inconsistências do jogo político brasileiro e seu caráter aleatório e mutante, o que demandaria do povo uma atitude criativa e adaptativa. Em última instância, o formalismo expressaria a própria estratégia de inserção dos países periféricos no mundo, que se viam compelidos a adotarem modelos político-econômicos externos como condição para se ajustarem de modo legítimo na ordem internacional.

Do mesmo modo, Guerreiro critica a hipótese de que a burocracia sempre seria um elemento modernizador em sociedades tidas como atrasadas. Segundo ele, tal papel poderia ou não ser exercido, a depender de circunstâncias históricas específicas. Supor que um dado ator social sempre desempenharia um papel positivo em qualquer contexto seria um erro típico de explicações mais preocupadas com a fidelidade doutrinária a uma teoria do que com a real eficácia de seus esquemas analíticos. Não à toa, outro alvo da crítica guerreiriana nessa obra são as chamadas "teorias hipercorretas", outro sintoma da alienação cultural e mental dos intelectuais periféricos.

No artigo publicado em 1967, essas preocupações de Guerreiro ganharam refinamento e foram sintetizadas por meio da construção dos tipos ideais de teorias "N" e "P". As teorias N seriam aquelas que se orientavam por um critério de necessidade histórica e que sempre buscavam identificar os elementos universais que levariam diferentes sociedades a um caminho modernizador tido como modelo. Já as teorias P seriam aquelas que reconheceriam a particularidade histórica de cada sociedade e questionariam a ideia de uma modernidade tida como "ideal", usualmente associada às formas sociais dos países do Hemisfério Norte.

Guerreiro argumenta que a modernização estaria se processando numa escala global, e não de modo estanque ou isolado em alguns países, o que permitiria às sociedades periféricas emularem de forma criativa estratégias modernizadoras já existentes. Ao mesmo tempo, fenômenos como a dominação imperialista produziriam necessidades de adaptação ou criação por parte das economias periféricas, o que tornava a modernização uma possibilidade objetiva, não necessariamente uma necessidade evolutiva.

Como se vê, a análise feita por Guerreiro da sociologia da modernização relacionava-se diretamente com suas preocupações humanistas e filosóficas, e com suas concepções de ciências sociais. Uma das chaves para essa relação é o conceito de "homem parentético", desenvolvido no livro sobre a revolução brasileira, publicado em 1963. Inicialmente, esse conceito designaria a capacidade da personalidade humana de se afirmar de modo autônomo diante do poder das organizações formais, reiterando a conhecida preocupação de Guerreiro com a defesa dos valores da pessoa, sempre sob ameaça dos imperativos da modernidade (burocracias, Estado, mercados etc.). Como explicam Ariston Azevêdo e Renata Albernaz (2006), essa formulação foi desenvolvida a partir de diferentes inspirações teóricas, entre elas a dualidade entre razão substantiva – entendida como uso das faculdades racionais humanas de modo autônomo pelos sujeitos – e razão formal – a disseminação de critérios burocráticos de eficácia oriundos do sistema de mercado para esferas de ação distintas.

Na sua obra derradeira, *A nova ciência das organizações*, Guerreiro explora de forma ampla a tensão entre essas duas formas de racionalidade, esboçando o que entendia ser um novo paradigma para as ciências sociais, incluindo-se aí a administração, a sociologia, a ciência política, a psicologia, entre outras. Embora seja impossível resumir em poucas linhas uma obra tão complexa, é viável identificar os seus principais temas.

O principal objetivo de Guerreiro era elaborar uma ciência das organizações que não se baseasse no sistema de mercado como critério único para avaliar a diversidade da experiência humana e que evitasse identificar o bom funcionamento das organizações com o que seria a "racionalidade" humana entendida de forma ampla. O seu projeto era construir um modelo "multicêntrico" de análise que reconhecesse a existência tanto de vários "enclaves" que compõem a sociedade como dos diversos interesses e desejos que animam os homens em tais espaços. O fundamento filosófico de tal empreitada estaria na recuperação do conceito de racionalidade substantiva, entendido como atributo dos sujeitos – e não das organizações e dos sistemas –, que usariam suas capacidades humanas para deliberar sobre a validade de seus projetos e opções de vida.

Guerreiro argumenta que o desenvolvimento histórico das ciências sociais teria levado a uma concepção de sociedade como um conjunto dotado de leis e padrões de funcionamento racionais, que deveriam ser explicados e analisados pelos sociólogos, economistas e demais cientistas do comportamento. Como consequência, a razão teria sido entendida como uma propriedade das organizações, e a ação dos homens, interpretada como um comportamento orientado por regras externas a ele, sendo tanto mais "racional" quanto mais plenamente adequado a tais regras. Assim, os analistas políticos passaram a se preocupar em descrever as condições para o funcionamento "adequado" do sistema político, do mesmo modo que os sociólogos discutiam a maior ou menor "integração" dos sujeitos aos sistemas sociais. Como se vê, o problema seria tanto empírico como epistemológico, pois diria respeito ao modo como as ciências sociais teriam, elas mesmas, tornado-se "alienadas", já que ignorariam a dimensão substantiva da razão.

A solução apresentada por Guerreiro para esse dilema é a teoria da delimitação dos sistemas sociais. De forma muito sintética, essa teoria busca identificar os diferentes tipos de sistemas que podem abarcar a experiência humana, analisar os seus critérios de orientação e estabelecer formas de comunicação entre eles. Assim, ao lado do mercado, Guerreiro identifica a "isonomia" e a "fenonomia" como tipos distintos de sistemas, o primeiro sendo baseado na construção de associações igualitárias de tipo horizontal em que os sujeitos se articulam em prol de objetivos cívicos ou comuns, que não fossem orientados para a maximização de lucro, e o segundo se pautando pelas possibilidades de expressão por parte de indivíduos ou pequenos grupos envolvidos em atividades criativas. Como exemplo de "isonomia", pode-se pensar na formação de associações de moradores, grupos de consumidores, organizações estudantis e demais formas de coletividade em que a ação seja motivada por valores partilhados e baseada em critérios não meramente pragmáticos, ao passo que a "fenonomia" poderia ser exemplificada pelo florescimento de coletivos artísticos ou culturais, como o próprio autor indica ao mencionar "oficinas dos artistas, escritores, jornalistas, artesãos, inventores e assim por diante" (Ramos, 1981, p. 152).

Guerreiro argumenta que cada sistema deveria buscar definir seus próprios requisitos de desempenho, e não simplesmente importar os critérios de mercado. Além disso, seria fundamental estabelecer práticas de comunicação adequada entre esses espaços, evitando que toda a variedade de atividades humanas fosse submetida às lógicas do mercado. Para tanto, Guerreiro recupera a dimensão ética da política, entendida como atividade reguladora dos sistemas e fonte de juízos éticos, e não apenas técnica de ajustamento racional dos homens às organizações.

Um exemplo do desdobramento da teoria proposta por Guerreiro é seu conceito de "paraeconomia", pensada como um modelo teórico alternativo para o entendimento do fenômeno econômico. A "paraeconomia" teria como critério de operação não a maximização da eficiência das trocas mercantis, mas o fortalecimento do senso de comunidade por meio de processos alocativos que reconhecessem a crise do sistema de mercado e a necessidade de expressão da diversidade humana. Nesse sentido, tal concepção integra o sistema de preços como um mecanismo entre outros possíveis para alocar objetos e serviços, mas reconhece as diferentes formas humanas de produzir bens, conhecimentos e valores sociais, muitas das quais não se prestando a um cálculo puramente material (cf. Soares, 1995).

Não é difícil notar o parentesco dessa nova ciência das organizações com outros esforços teóricos que, na década de 1970, buscavam criticar a racionalidade instrumental ou formal e recuperar uma dimensão substantiva da razão, em especial a Escola de Frankfurt (Tenório, 1997). Jürgen Habermas, um dos principais representantes de tal escola, é figura recorrente na obra, sendo alvo de uma reconstrução teórica no primeiro capítulo. Entretanto, alguns intérpretes, como Wilson Pizza Jr. (1994), argumentam que a noção de razão substantiva em Guerreiro relaciona-se com um resgate da tradição clássica aristotélica e encontra seu sujeito por excelência no indivíduo, e não nas coletividades, afastando-se, portanto, de quaisquer esperanças em processos de esclarecimento conduzidos por movimentos de massas.

Outra diferença significativa entre a teoria das delimitações e as abordagens citadas diz respeito ao modo como Guerreiro articula a crítica à razão formal com a sua já conhecida visão sobre as relações entre centros e periferias no sistema capitalista, tema que não era relevante para a teoria crítica alemã. Guerreiro considerava que seu modelo multicêntrico seria também uma expressão da crise do modelo de desenvolvimento ocidental, que induziria os países periféricos a uma marcha contínua em busca de um desenvolvimento futuro pautado pela simples expansão da produção material e do sistema de mercado. Assim, sugere que as estratégias de afirmação do Terceiro Mundo deveriam abandonar uma visão unilinear de desenvolvimento e abraçar uma concepção que reconhecesse as várias formas possíveis de alocar tipos distintos de recursos humanos. Nas palavras do próprio autor:

> Este livro aventa a existência de muitas possibilidades para as nações do chamado mundo subdesenvolvido, de imediata recuperação quanto à condição periférica em que se colocam, se ao menos encontrassem seu próprio arbítrio político e assim se libertassem da síndrome da privação relativa que internalizaram ao tomarem a sociedade avançada de mercado como o paradigma de seu futuro (Ramos, 1981, p. 196).

A nova ciência das organizações pode ser vista como um momento culminante de uma produção sociológica voltada para a crítica à alienação e para o reconhecimento da dimensão criativa da imaginação periférica. Situado no coração do mundo acadêmico do Hemisfério Norte, confortável em sua posição de professor, Guerreiro não deixou de sonhar com uma ciência social rebelde.

Décima Lição

A sociologia das ideias no Brasil

Ao retornar ao Brasil em 1980, Guerreiro encontrou um ambiente intelectual diverso daquele que vivenciou nas décadas de 1950 e 1960. Se, por um lado, a década de 1970 foi marcada pelo autoritarismo militar e pela repressão e censura aos intelectuais, ela também foi o período decisivo para o processo de institucionalização universitária entre nós, com o crescimento dos programas de pós-graduação e a maior internacionalização da formação de professores e cientistas (Motta, 2014). As reflexões elaboradas por Guerreiro no período final de sua vida traduziam seu profundo desgosto com tal resultado e nos permitem entender melhor a sociologia das ideias defendidas pelo autor, tema da nossa última lição.

Entende-se aqui por "sociologia das ideias" uma abordagem que trata os sistemas intelectuais e as concepções de mundo como expressões de variáveis tidas como sociais, como a origem de classe de escritores e cientistas, as diferenças culturais entre as gerações de intelectuais ou os condicionamentos exercidos por cidades e instituições sobre as formas de os homens pensarem, entre outros fatores que um sociólogo pode mobilizar para explicar a dinâmica das ideias em dada sociedade.

Guerreiro dedicou-se à sociologia das ideias desde a década de 1950, com seus primeiros textos sobre a história da sociologia no Brasil. Em "A ideologia da 'Jeunesse Dorée'", originalmente publicado em 1955 e reeditado na coletânea *A crise do poder no Brasil* (Ramos, [1955] 1961), Guerreiro aplica sua abordagem, que se pauta pela organização da vida intelectual brasileira em "famílias" de pensadores, caracterizadas tanto pela origem de classe como pelo estilo e pelo conteúdo de suas ideias. Assim, a categoria de *jeunesse dorée* (juventude dourada) é utilizada para designar o grupo de intelectuais católicos conservadores que, após a Revolução de 1930, teriam se apegado a fórmulas moralistas e abstratas para atacar a modernização do país. Guerreiro os vê como parte de "estratos de intelectuais bem-nascidos, para os quais as dificuldades materiais propriamente não existem" (Ramos, 1961, p. 153), e defende que "são induzidos a um certo esteticismo diante de si mesmos e da vida" (Ramos, 1961, p. 153). O critério utilizado por Guerreiro para a elaboração desses juízos críticos é a relação desses estratos sociais com o processo de construção nacional brasileiro.

Ao ser convidado a tomar parte num seminário sobre os 50 anos da Revolução de 1930, organizado pelo CPDOC em 1980, Guerreiro retomou suas preocupações com a sociologia das ideias. Para essa ocasião, preparou um texto intitulado "A inteligência brasileira da década de 1930, à luz da perspectiva de 1980" (Ramos, 1982). Nessa apresentação, Guerreiro combinou dois elementos de sua abordagem que já estavam presentes na década de 1950 – a construção de tipologias de intelectuais a partir do maior ou menor grau de pragmatismo de sua relação com as ideias e a análise da inserção periférica do Brasil no Ocidente – com uma variável nova, que justifica a "perspectiva de 1980" – a leitura feita pelo autor sobre a história recente da sociologia no Brasil, em especial de seu processo de institucionalização. Assim, Guerreiro reiterou a crítica aos intelectuais que se limitavam a mimetizar de forma acrítica as ideias estrangeiras, defendeu mais uma vez a abordagem crítico-pragmática cujo coroamento seria a redução sociológica e enquadrou o caso brasileiro à luz da crise da modernidade ocidental. Dessa vez, porém, seu diagnóstico também incorporou uma disputa em torno do sentido da institucionalização acadêmica das ciências sociais entre nós.

Logo no início do texto, Guerreiro lança a seguinte hipótese:

> [...] a despeito das orientações ambivalentes, e por vezes contraditórias, de seus integrantes, a inteligência brasileira na década de 1930 empreendeu significante esforço de interpretação e configuração institucional do país, sem, contudo, transcender o seu confinamento da história modernista da sociedade ocidental (Ramos, 1982, p. 559).

A tipologia construída por Guerreiro se divide em três conjuntos, que se referem a aspectos temáticos e posicionais da vida intelectual brasileira. Em primeiro lugar, a oposição entre os intelectuais "hipercorretos" e os dotados de uma atitude "crítico-pragmática". Enquanto os primeiros seriam definidos pela obsessão em copiar as ideias em voga nas sociedades centrais do Hemisfério Norte, os outros se apropriariam de tais ideias de modo circunstancial e pragmático, pois seu objetivo seria a explicação criativa da realidade nacional, e não a reprodução acrítica de doutrinas. Uma segunda dimensão (que ocupa lugar residual no texto em questão) refere-se ao estilo das concepções de mundo alimentadas, que diferenciariam intelectuais "carlyslianos" (elitistas como o inglês Thomas Carlyle), "bonaldianos" (conservadores como o francês Louis de Bonald) e "gorkianos" (denunciadores da miséria social como o russo Máximo Gorki). Finalmente, Guerreiro também classifica os intelectuais em função de suas posições relativas ao sistema de poder, podendo eles serem "cêntricos", "periféricos" ou "fronteiriços", sendo esses adjetivos indicadores da maior ou menor distância dos agentes em relação ao Estado ou aos centros decisórios. Note-se que o autor considera que, no caso brasileiro, os intelectuais sempre estiveram vinculados à estrutura formal de papéis, não se constituindo como uma camada de desempregados ou excluídos que pudesse levar à formação de uma *intelligentsia* revolucionária, como na Rússia czarista.

A partir da conjunção desses critérios, Guerreiro analisa os intelectuais que atuaram entre os anos de 1920 e 1945, destacando positivamente, como já sabemos, os homens que adotaram as ideias estrangeiras de forma circunstancial e adaptativa, mobilizando-as para entender os problemas nacionais e contribuir para sua superação.

Dada a condição colonial e periférica do Brasil, o consumo de ideias estrangeiras seria a condição básica da vida intelectual, compartilhada por hipercorretos e pragmático-críticos, que se diferenciam em função da maior ou da menor sensibilidade em relação às circunstâncias nacionais.

Guerreiro localiza o seu próprio projeto de redução sociológica construído nas décadas de 1950 e 1960 como expressão dessa vertente do pragmatismo-crítico, reprovando a visão que separaria de forma radical a sociologia feita nas universidades do trabalho intelectual realizado de modo supostamente ensaístico. No fim da década de 1970, já se impunha uma narrativa sobre a história das ciências sociais no Brasil que identificava o processo de institucionalização da disciplina em universidades como fator determinante do grau de cientificidade e adequação da sociologia praticada[13]. A perspectiva de Guerreiro é crítica dessa narrativa, aproximando-se do argumento sustentado pelo cientista político Wanderley Guilherme dos Santos poucos anos antes, no texto "Paradigma e História: a ordem burguesa na imaginação social brasileira" (Dos Santos, 1978), em que o

---

13. O clássico texto de Sérgio Miceli (1989) oferece a visão mais bem acabada dessa narrativa, enquanto o livro de Nísia T. Lima (1999) explicita o argumento contrário.

cientista político carioca questionou o argumento institucionalista e recuperou os elos de continuidade entre o dito ensaísmo e as reflexões sociológicas sobre a construção da modernidade burguesa no Brasil. Não à toa, a obra de Wanderley Guilherme é citada positivamente por Guerreiro em uma nota de fim.

A visão crítica de Guerreiro a respeito do processo de institucionalização universitária da sociologia, porém, relaciona-se a um problema bem mais amplo, que é central para sua sociologia das ideias: a percepção da decadência da civilização moderna ocidental e os seus efeitos sobre a condição periférica do país. Segundo Guerreiro, "decadência é um tipo de diferenciação sem limites de que resultam a desintegração da unidade orgânica da configuração histórico-cultural e a capturação desta pelo processo de expansão autônoma de uma de suas partes seculares" (Ramos, 1982, p. 544-545). Com apoio em autores críticos da modernidade, Guerreiro argumenta que a história dos últimos cinco séculos, marcados pela emergência da vida moderna, seria caracterizada pela desintegração da dimensão orgânica da sociedade e por um processo acelerado de diferenciação que fazia com que a economia se tornasse central, exportando seus critérios e valores para todas as áreas da vida humana.

Em termos intelectuais, o liberalismo, o individualismo, o capitalismo e o socialismo seriam expressões dessa longa história de decadência, a qual o Brasil teria se atrelado de forma passiva desde o século XVI, sempre num constante esforço de modernização que nunca efetivamente permitia ao país se construir de forma plena e autônoma. As ciências sociais, na visão de Guerreiro, seriam expressões científicas dessa decadência, com o predomínio da ciência social "anglo-germânica" nas universidades do Norte e do Sul, e do marxismo nas periferias da vida intelectual. Assim, a visão crítica alimentada por Guerreiro a respeito da institucionalização da sociologia seria parte de um diagnóstico mais amplo do esgotamento cultural e ambiental da modernidade ocidental.

Nesse texto, Guerreiro apenas esboça a alternativa, descrevendo-a como "um modelo que restaure a multicentricidade da existência humana e sua consonância com os limites termodinâmicos da natureza" (Ramos, 1982, p. 545). Como vimos na lição anterior, sua obra *A nova ciência das organizações* seria uma primeira tentativa de construir tal modelo, mas a crítica à modernidade ocidental por conta dos seus efeitos alienantes já estava presente nos escritos do autor nas décadas de 1940 e 1950 sob a perspectiva do existencialismo cristão. Ao mesmo tempo, a construção de tipologias dos grupos intelectuais em função de suas formas de consumo de ideias também já tinha sido esboçada ao menos 30 anos antes.

Finalmente, a análise do lugar do Brasil na periferia do Ocidente é um marco analítico fundamental para Guerreiro em toda sua obra, sendo variável decisiva para explicar nossos problemas. Assim, sua crítica ao esgotamento do modelo civilizatório ocidental não o levava a uma busca pela restauração das tradições, mas a um chamado por novos projetos coletivos que situassem a personalidade humana no centro e reconhecessem o potencial criativo dos povos periféricos.

É fato que a ênfase de Guerreiro na dimensão da "decadência" o aproximava de algum modo do pensamento conservador, por conta da valorização da organicidade e dos vínculos comunitários entre os indivíduos. Mas o projeto intelectual de Guerreiro nunca abandonou a sociologia, disciplina moderna por excelência, e jamais deixou de ter como norte o horizonte da autonomia, tanto individual como nacional. Não à toa, vejamos as últimas frases de seu texto derradeiro:

> Não nascemos no Brasil por deliberação. Mas isso não é escusa para escolher o rumo da capitulação. Mais inteligente é aceitá-lo como destino e com espírito de grandeza, posicionamento sem o qual seria impossível o sucesso de qualquer tentativa de salvar o fenômeno brasileiro (Ramos, 1982, p. 547).

Esse chamado, cuja grandiosidade pode soar datada nos tempos atuais, ainda ecoa entre as ciências sociais brasileiras, motivando releituras diversas, que resgatam o sentido emancipador de seu antirracismo (Figueiredo; Grosfoguel, 2007), exploram o seu parentesco com o debate pós-colonial (Lynch, 2015), articulam suas ideias a debates atuais do feminismo negro (Alencar, 2021) e expõem a atualidade teórica de seu projeto sociológico (Dufoix, 2023). Que este livro ofereça aos leitores a chance de participarem desse resgate.

Referências

ABRANCHES, A. M. *Nacionalismo e democracia no pensamento de Guerreiro Ramos*. 2006. Tese (Doutorado em Ciências Humanas) – Instituto Universitário de Pesquisas do Rio de Janeiro, Rio de Janeiro, 2006.

ALBERTO, P. *Termos de inclusão*: intelectuais negros brasileiros no século XX. Campinas: Editora da Unicamp, 2017.

ALENCAR, A. E. V. Re-existências: notas de uma antropóloga negra em meio a concursos públicos para o cargo de magistério superior. *Revista de Antropologia*, v. 64, n. 3, p. 1-22, 2021.

AZEVÊDO, A. *A sociologia antropocêntrica de Alberto Guerreiro Ramos*. 2006. Tese (Doutorado em Sociologia Política) – Universidade Federal de Santa Catarina, Florianópolis, 2006.

AZEVÊDO, A.; ALBERNAZ, R. A "antropologia de Guerreiro": a história do conceito de homem parentético. *Cadernos EBAPE.BR*, v. 4, n. 3, p. 1-19, 2006.

BARBOSA, M. *A razão africana*: breve história do pensamento africano contemporâneo. São Paulo: Todavia, 2020.

BARBOSA, M. Apresentação. *In*: RAMOS, A. G. *Negro sou*. Organização de Muryatan Barbosa. Rio de Janeiro: Jorge Zahar, 2023, p. 11-42.

BARBOSA, M. S. O TEN e a negritude francófona no Brasil: recepção e inovações. *Revista Brasileira de Ciências Sociais*, v. 28, n. 81, p. 171-184, 2013.

BARIANI JR., E. *A sociologia no Brasil*: uma batalha, duas trajetórias (Florestan Fernandes e Guerreiro Ramos). 2003. Dissertação (Mestrado em Sociologia) – Faculdade de Ciências e Letras, Universidade Estadual Paulista, Araraquara, 2003.

BARIANI JR., E. *Guerreiro Ramos e a redenção sociológica*: capitalismo e sociologia no Brasil. 2008. Tese (Doutorado em Sociologia) – Faculdade de Ciências e Letras, Universidade Estadual Paulista, Araraquara, 2008.

BARIANI JR., E. O longo caminho: Guerreiro Ramos e a Sociologia da Administração antes de "A nova ciência das organizações". *Organizações & Sociedade*, v. 17, n. 52, p. 17-28, 2010.

BOTELHO, A. Sequências de uma sociologia política brasileira. *Dados*, v. 50, n. 1, p. 49-82, 2007.

CALDAS, A; SILVA, N. P. A crítica de Guerreiro Ramos à Escola de Chicago: assimilação, aculturação e racismo. *Dados*, v. 67, n. 3, p. 1-31, 2023.

DOMINGUES, P. Um "templo de luz": Frente Negra Brasileira (1931-1937) e a questão da educação. *Revista Brasileira de Educação*, v. 13, n. 39, p. 517-534, 2008.

DOS SANTOS, W. G. Paradigma e História: a ordem burguesa na imaginação social brasileira. *In*: DOS SANTOS, W. G. *Ordem burguesa e liberalismo político*. São Paulo: Duas Cidades, 1978, p. 16-63.

DUFOIX, S. Quando o captor é cativo: ensinar a Sociologia do Sul no Norte? *Revista Brasileira de Sociologia*, v. 11, n. 27, p. 23-48, 2023.

FANON, F. *Pele negra, máscaras brancas*. Salvador: Editora UFBA, [1952] 2008.

FERREIRA, L. M. R. *Integralismo na Bahia*: gênero, educação e assistência social em "O Imparcial" 1933-1937. Salvador: Editora UFBA, 2009.

FIGUEIREDO, A.; GROSFOGUEL, R. Por que não Guerreiro Ramos? Novos desafios a serem enfrentados pelas universidades públicas brasileiras. *Ciência e Cultura*, v. 59, n. 2, p. 36-41, 2007.

FREIRE, A. O social-trabalhismo do deputado federal Guerreiro Ramos. *Cadernos EBAPE.BR*, v. 13, ed. esp., p. 631-638, 2015.

GILMAN, C. *Entre la pluma y el fusil*: debates y dilemas del escritor revolucionario en América Latina. Buenos Aires: Siglo XXI, 2003.

GILROY, P. *The black Atlantic*: modernity and double consciousness. Cambridge: Harvard University Press, 1993.

GOEBEL, M. The capital of the men without a country: migrants and anticolonialism in interwar Paris. *The American Historical Review*, v. 121, n. 5, p. 1.444-1.467, 2016.

GUIMARÃES, A. S. A. A recepção de Fanon no Brasil e a identidade negra. *Novos Estudos CEBRAP*, n. 81, p. 99-114, 2008.

GUIMARÃES, A. S. A. Democracia racial: o ideal, o pacto e o mito. *Novos Estudos CEBRAP*, n. 61, p. 147-162, 2001.

KLÜGER, E.; WANDERLEY, S.; BARBOSA, A. de F. The ECLA-BNDE Economic Development Centre and the training of a generation of development planners in Brazil. *CEPAL Review*, n. 136, p. 127-147, 2022.

LIMA, N. *Um sertão chamado Brasil*: intelectuais e representação geográfica da identidade nacional. Rio de Janeiro: Revan, 1999.

LOPES, T. D. C. *Sociologia e puericultura no pensamento de Guerreiro Ramos*: diálogos com a Escola de Chicago (1943-1948). 2012. Dissertação (Mestrado em História das Ciências e da Saúde) – Casa de Oswaldo Cruz, Rio de Janeiro, 2012.

LYNCH, C. E. C. Teoria pós-colonial e pensamento brasileiro na obra de Guerreiro Ramos: o pensamento sociológico. *Caderno CRH*, v. 28, n. 73, p. 27-45, 2015.

MAIA, J. M. E. A sociologia periférica de Guerreiro Ramos. *Cadernos CRH*, v. 28, n. 73, p. 47-58, 2015.

MAIA, J. M. E. Reputações à brasileira: o caso de Guerreiro Ramos. *Sociologia & Antropologia*, v. 2, n. 4, p. 265-291, 2012.

MAIO, M. Uma polêmica esquecida: Costa Pinto, Guerreiro Ramos e o tema das relações raciais. *Dados*, v. 40, n. 1, p. 127-162, 1997.

MAIO, M.; LOPES, T. D. C. Entre a ciência e a política: Donald Pierson e a busca por uma sociologia científica no Brasil. *Sociologias*, v. 24, n. 60, p. 228-266, 2022.

MEDEIROS DA SILVA, M. A. Frantz Fanon e o ativismo político-cultural negro no Brasil: 1960/1980.

Estudos Históricos (Rio de Janeiro), v. 26, n. 52, p. 369-390, 2013.

MICELI, S. (1989). Condicionantes do desenvolvimento das ciências sociais. *In*: MICELI, S. (org.). *História das Ciências Sociais no Brasil*. São Paulo: Vértice/Idesp, 1989, v. 1, p. 72-110.

MOTTA, L. E. A política do Guerreiro: nacionalismo, revolução e socialismo no debate brasileiro dos anos de 1960. *Organizações & Sociedade*, v. 17, n. 52, p. 85-101, 2010.

MOTTA, R. P. de S. *As universidades e o regime militar*: cultura política brasileira e modernização autoritária. São Paulo: Companhia das Letras, 2014.

NASCIMENTO, A. do. Teatro experimental do negro: trajetória e reflexões. *Estudos Avançados*, v. 18, n. 50, p. 209-224, 2004.

OLIVEIRA, L. L. *A sociologia do Guerreiro*. Rio de Janeiro: Editora UFRJ, 1995.

PIERUCCI, A. F. *Desencantamento do mundo*: todos os passos de um conceito. São Paulo: Editora 34, 2003.

PIZZA JR., W. Razão substantiva. *Revista de Administração Pública*, v. 28, n. 2, p. 7-14, 1994.

RAMOS, A. G. *O drama de ser dois*. Salvador: [*s. n.*], 1937a.

RAMOS, A. G. Não! *A Ordem*, v. XVIII, p. 165-169, 1937b.

RAMOS, A. G. *Introdução à cultura*. Rio de Janeiro: Cruzada da Boa Imprensa, 1939.

RAMOS, A. G. A sociologia de Max Weber (sua importância para a teoria e a prática da Administração). *Revista do Serviço Público*, v. 57, n. 2, p. 267-282, [1946] 2006.

RAMOS, A. G. *Uma introdução ao histórico da Organização Racional do Trabalho (Ensaio de Sociologia do Conhecimento)*. Brasília, DF: Conselho Federal de Administração, [1950] 2009.

RAMOS, A. G. *Sociologia do orçamento familiar*. Rio de Janeiro: Departamento de Imprensa Nacional, 1950.

RAMOS, A. G. *A sociologia industrial*: formação, tendências atuais. Rio de Janeiro: Estúdio de Artes Gráficas, 1952.

RAMOS, A. G. *O processo da sociologia no Brasil (esquema de uma História das Ideias)*. Rio de Janeiro: Estúdio de Artes Gráficas, 1953.

RAMOS, A. G. Entrevista concedida a Lúcia Lippi Oliveira e Alzira Alves de Abreu. *In*: OLIVEIRA, L. L. *A sociologia do Guerreiro*. Rio de Janeiro: Editora UFRJ 1995a.

RAMOS, A. G. O problema do negro na sociologia brasileira. *In*: RAMOS, A. G. *Introdução crítica à sociologia brasileira*. Rio de Janeiro: Editora UFRJ, [1954] 1995b.

RAMOS, A. G. Patologia social do branco brasileiro. *In*: RAMOS, A. G. *Introdução crítica à sociologia brasileira*. Rio de Janeiro: Editora UFRJ, [1957] 1995c, p. 215-240.

RAMOS, A. G. Cartilha brasileira do aprendiz de sociólogo. *In*: RAMOS, A. G. *Introdução crítica à sociologia brasileira*. Rio de Janeiro: Editora UFRJ, [1954] 1995d, p. 103-211.

RAMOS, A. G. A ideologia da "Jeunesse Dorée". *In*: RAMOS, A. G. *A crise do poder no Brasil*. Rio de Janeiro: Jorge Zahar, [1955] 1961, p. 152-167.

RAMOS, A. G. Centro e periferia do mundo. *O Jornal*, 11 mar. 1956.

RAMOS, A. G. Notas para um estudo crítico da sociologia no Brasil. *In*: RAMOS, A. G. *Introdução crítica à sociologia brasileira*. Rio de Janeiro: Editora UFRJ, [1957] 1995e, p. 35-48.

RAMOS, A. G. *A redução sociológica*. Rio de Janeiro: Editora UFRJ, [1958] 1996.

RAMOS, A. G. Condições sociais do poder nacional. *In*: RAMOS, A. G. *O problema nacional do Brasil*. Rio de Janeiro: Saga, 1960a, p. 15-40.

RAMOS, A. G. Princípios do povo brasileiro. *In*: RAMOS, A. G. *O problema nacional do Brasil*. Rio de Janeiro: Saga, 1960b, p. 223-256.

RAMOS, A. G. Ideologias e segurança nacional. *In*: RAMOS, A. G. *O problema nacional do Brasil*. Rio de Janeiro: Saga, 1960c, p. 41-76.

RAMOS, A. G. O controle ideológico da programação econômica. *In*: RAMOS, A. G. *O problema nacional do Brasil*. Rio de Janeiro: Saga, 1960d, p. 177-222.

RAMOS, A. G. Panorama político do Brasil contemporâneo. *In*: RAMOS, A. G. *A crise do poder no Brasil*. Rio de Janeiro: Jorge Zahar, 1961, p. 21-32.

RAMOS, A. G. *Mito e verdade da revolução brasileira*. Rio de Janeiro: Jorge Zahar, 1963.

RAMOS, A. G. *Administração e estratégia do desenvolvimento*: elementos de uma sociologia especial da administração. Rio de Janeiro: Fundação Getúlio Vargas, 1966.

RAMOS, A. G. A modernização em nova perspectiva: em busca do modelo de possibilidade. *Revista de Administração Pública*, v. 1, n. 2, p. 7-44, 1967.

RAMOS, A. G. *A nova ciência das organizações*: uma reconceituação da riqueza das nações. Rio de Janeiro: Fundação Getúlio Vargas, 1981.

RAMOS, A. G. A inteligência brasileira na década de 1930, à luz da perspectiva de 1980. *In*: CENTRO DE PESQUISA E DOCUMENTAÇÃO DE HISTÓRIA CONTEMPORÂNEA DO BRASIL (CPDOC). *A revolução de 30*: seminário internacional realizado pelo Centro de Pesquisa e Documentação de História Contemporânea da Fundação Getúlio Vargas. Brasília, DF: Editora UnB, 1982, p. 527-548.

RAMOS, A. G. *Negro sou*. Organização de Muryatan Barbosa. Rio de Janeiro: Jorge Zahar, 2023.

RIDENTI, M. *Em busca do povo brasileiro*: artistas da revolução, do CPC à era da TV. Rio de Janeiro: Record, 2000.

SOARES, L. A. Guerreiro Ramos: a trajetória de um pensamento. *Revista de Administração Pública*, v. 29, n. 2, p. 33-50, 1995.

TAVOLARO, S. B. A tese da singularidade brasileira revisitada: desafios teóricos contemporâneos. *Dados*, v. 57, n. 3, p. 633-673, 2014.

TENÓRIO, F. Superando a ingenuidade: minha dívida a Guerreiro Ramos. *Revista de Administração Pública*, v. 31, n. 5, p. 29-44, 1997.